C'EST MALIN

XAVIER CORNETTE DE SAINT CYR

LA LOI D'ATTRACTION

LEDUC poche

Du même auteur, aux éditions Leduc

Les Accords toltèque au quotidien, 2017

La sagesse toltèque au travail, 2020

Conseil éditorial : Nathalie Ferron
Suivi éditorial et correction : Marjolaine Revel
Maquette : Laurie Baum
Design de couverture : Antartik

10, place des Cinq-Martyrs-du-Lycée-Buffon
75015 – Paris, France
ISBN : 979-10-285-2098-4
ISSN : 2425-4355

SOMMAIRE

INTRODUCTION

La loi de l'attraction... Quatre mots aux multiples sens. Quatre mots recouvrant nombre d'hypothèses et de croyances. Quatre mots qui suscitent bien des réactions...

Certains n'en ont jamais entendu parler (« *Je ne savais même pas que ça existait et j'ai réussi ma vie !* »). D'autres s'en contrefichent royalement (« *J'ai réussi sans me préoccuper de cette absurdité-là* »). D'autres encore sont très critiques à son sujet : *« Ça se veut spirituel et ça ne parle que de biens matériels* »... Certains en ont en une appréciation mesurée : « *C'est intéressant pour progresser...* » Et d'autres, enfin, manifestent à son égard un formidable enthousiasme : « *C'est vraiment fantastique de savoir qu'on est maître de son destin* », « *C'est un trésor qui illumine l'existence !* », « *Vous pouvez attirer dans votre vie pratiquement tout ce que vous désirez !* »...

À cette cacophonie s'ajoute le fait qu'adversaires et partisans disqualifient sans vergogne celui qui a une idée opposée : *« Tu n'y comprends rien », « Tu racontes n'importe quoi », « Tu ne sais pas de quoi tu parles »*, etc. Il faut reconnaître que les détracteurs de la loi de l'attraction présentent souvent (mais pas toujours !) une argumentation rationnelle à laquelle ses partisans opposent souvent (mais pas toujours !) des affirmations péremptoires, non étayées et, çà et là, « recopiées-recollées ».

Alors, qu'en est-il *réellement* ?

De prime abord, bien comprendre la loi de l'attraction est difficile pour trois raisons principales :

- Le sens des mots : les termes sont rarement définis et leurs sens demeurent donc flous et variables – si un mot présente plusieurs significations, quelle est celle que vous retiendrez et pourquoi ? En retiendrez-vous seulement une, d'ailleurs ?
- La vérité des postulats : beaucoup doivent être acceptés comme vrais alors qu'ils sont juste affirmés, rarement démontrés – comment réagissez-vous quand on se contente de vous affirmer une chose et que l'on vous dit qu'elle est évidente alors que vous n'êtes pas d'accord ou ne la comprenez pas ?
- L'imprécision des références : nombre d'auteurs déclarent que leurs propos sont corroborés scientifiquement sans donner de références précises – que ressentez-vous quand on vous soutient une « vérité » dont

vous pressentez qu'elle peut être fausse ou carrément inventée ? Ne recherchez-vous pas des précisions ou des preuves avant de vous engager ?

Par exemple, quand on vous dit : « *Tout dans l'univers est énergie. Vous attirerez à vous la fréquence sur laquelle vous vibrez et vous ferez vibrer les choses que vous voulez pour vous* », des interrogations surgissent nécessairement : est-ce vrai ? Est-ce possible ? Pour quelles raisons ? Selon quels processus ?

Il ne s'agit pas de tout accepter sans réserve ni de tout rejeter en bloc. Certaines analyses critiques sont très pertinentes et méritent d'être examinées, mais d'autres sont en revanche totalement farfelues, voire ne servent qu'à des fins de manipulation.

Il est donc nécessaire de savoir de quoi on parle *vraiment* et de comprendre ce qu'est la loi de l'attraction sans se contenter de ce qui a pu en être dit, de la passer au crible du questionnement sur sa réalité et son utilité. Le but n'est pas de se perdre dans de grandes envolées abstraites, mais d'en retirer quelque chose qui vous soit pratique, concret, compréhensible, utilisable afin que vous puissiez obtenir ce que vous désirez.

L'approche proposée dans cet ouvrage est donc différente de ce que l'on trouve habituellement sur le sujet, et délibérément pragmatique. C'est une autre manière d'aborder la loi de l'attraction, consciente et proactive, afin que vous disposiez d'un véritable outil pour vivre la vie que vous voulez vivre.

Êtes-vous prêt à prendre en main votre existence pour attirer à vous ce que vous voulez *vraiment* ?

1

CE QU'EST LA LOI DE L'ATTRACTION… ET SURTOUT CE QU'ELLE N'EST PAS

La loi de l'attraction, vous en avez forcément entendu parler au moins une fois. C'est *le* concept à la mode, notamment depuis 2007, date de sortie du livre *Le Secret**, de Rhonda Byrne, vendu à près de 4 millions d'exemplaires. Le sujet n'est pas nouveau, mais l'ouvrage a été directement propulsé dans la catégorie des best-sellers par une recette marketing diablement efficace : grâce à la loi de l'attraction, obtenez tout ce que vous désirez !

Mais qu'est réellement la loi de l'attraction, et son mode d'emploi est-il aussi simple que ce qu'en affirment tous ses partisans ?

---

* En français : Rhonda Byrne, *Le Secret,* Un monde différent, 2008.

Chapitre 1

La loi de l'attraction est-elle une loi scientifique ?

« Demande et tu recevras. » Telle est la loi de l'attraction – ou plutôt, telle est la manière dont on la résume dans bon nombre d'ouvrages sur le sujet. Une recette miracle qui permettrait d'obtenir absolument tout ce que l'on veut du moment qu'on le demande avec force conviction, selon le postulat « scientifique » qui énonce que « tout ce qui se ressemble s'assemble ». Vous voulez une belle voiture, beaucoup d'argent, trouver le grand amour, le job de vos rêves ? Il suffit de demander !

Vraiment ? Et d'abord, est-ce réellement une loi scientifique, qui s'applique à tous et sur l'intervention de laquelle nous puissions compter en toutes circonstances ?

PETITE HISTOIRE DE LA LOI DE L'ATTRACTION

Premières théories

William Walker Atkinson (1862-1932), théosophe et professeur de magnétisme, a d'abord travaillé comme avocat. Brillant, ses succès lui font néanmoins connaître ce que l'on appellerait un « burn out » se traduisant par une dépression à la fois physique, mentale et financière.

Il met alors en pratique des principes de la Nouvelle pensée et retrouve santé et prospérité. Il rédige quelques articles pour expliquer ce qu'il a découvert, mais tout commence vraiment en 1906. Atkinson publie à Chicago *La vibration de la pensée ou la loi de l'attraction dans le monde des pensées**. Il y affirme qu'il existe une loi immuable qui domine tout, absolument tout : la **loi de l'attraction universelle**. Si, au XVIIe siècle, Newton en était resté à la pure matière avec sa loi de l'attraction universelle (nous le verrons plus loin), Atkinson l'étend au monde de la pensée afin de montrer que les pensées positives appellent d'autres pensées positives et que le bonheur devient dès lors

* Édition française : Astra, 1996.

accessible. Il affirme ainsi que *« le semblable attire le semblable dans le monde des pensées »*.

Atkinson considère que les pensées sont des vibrations et qu'elles possèdent une fréquence déterminée, comme la lumière. Chaque pensée émettrait donc une fréquence spécifique qui attire à elle une fréquence semblable. Il suffirait ainsi de changer nos vibrations cérébrales pour transformer notre vie :

- Si nos pensées sont positives, nous nous mettons en harmonie avec ce qui nous environne et permettons, par vibrations semblables, la réalisation positive de nos pensées.
- Si nos pensées sont négatives, nous empêchons ce processus comme si, à force de ne voir que le verre à moitié vide, nous nous empêchions d'aller vers ce qui est et finissions par mourir de soif.

Toutes les réflexions d'Atkinson préfigurent ce qui deviendra, plus tard, la pensée positive.

La clé du succès

Un autre représentant majeur de la loi de l'attraction est Charles Haanel. Homme d'affaires américain ayant connu un immense succès, il veut partager ses principes et les techniques qu'il a mises en œuvre pour réussir. Il fait donc paraître en 1912 *The Master Key System,* en français *La clé universelle du succès* (aussi appelé *La clé de la maîtrise*), livre qui fera date notamment auprès des économistes et des financiers.

Il s'appuie sur la loi de l'attraction dans sa forme : chacun attire dans sa vie tout ce à quoi il pense, tant en positif qu'en négatif. Par étapes successives, Haanel montre comment nous pouvons utiliser le pouvoir créateur de notre esprit. À noter, et c'est une idée nouvelle, que cela ne l'empêche pas d'accorder une **grande place à l'amour** : « La loi d'attraction ou la loi de l'amour, rien ne les distingue », dit-il, car si tout a une fréquence, **c'est le cœur qui possède, selon lui, la plus grande fréquence vibratoire**.

Évoquant la loi de l'abondance, il déclare que « le secret de tout pouvoir, de tout accomplissement et de tout ce que nous possédons dépend de notre manière de penser », puis il avance que « notre avenir est entièrement sous notre contrôle ». C'est bien là la profession de foi de quelqu'un qui croit en la puissance absolue de l'esprit et… en la capacité totale de l'homme à contrôler son destin.

Une science de l'enrichissement

La loi de l'attraction et son corollaire, la pensée positive, se développent et s'axent peu à peu vers la matérialité financière. Ainsi, Wallace D. Wattles publie en 1910 un livre au titre évocateur et attractif : *La science de l'enrichissement : Attirer vers soi définitivement le succès financier*, dans lequel il affirme : « Chez les humains, la base du progrès est la science de l'enrichissement. »

Wattles est le premier à insister sur le **concept de gratitude**, véritable « outil » à utiliser pour obtenir ce que l'on demande et exprimer sa reconnaissance quand on l'a obtenu.

L'autre grande nouveauté est que **cette science de l'enrichissement est considérée comme une science exacte**, de la même manière que le seraient les mathématiques ou la physique. C'est là un point important, car nous aurions pu songer que la loi de l'attraction, fondée finalement sur nos pensées, était, à l'instar de la psychologie, considérée (à quelques exceptions près) comme ne relevant pas d'une démarche scientifique. En effet, pour pouvoir déclarer qu'une discipline est une science, il faut d'abord qu'elle puisse s'appuyer sur un raisonnement et des explications tangibles, mais surtout sur des expériences reproductibles et donc sur des prédictions qui se révéleront vraies. Or, il n'existe pas, en psychologie, d'outils spécifiques incontestables qui donneraient à chaque fois le même résultat et que nous pourrions attribuer à chaque variable.

En donnant à la loi de l'attraction sa couleur scientifique, Wattles pose donc comme conséquence évidente et irréfutable que **tout le monde a la capacité de devenir riche**.

En 1928, Napoléon Hill mentionne abondamment la loi de l'attraction dans son livre *Les lois du succès* vendu à des millions d'exemplaires. Il y expose les processus de réussite de plusieurs centaines de personnes qu'il avait interviewées et dont la plupart étaient millionnaires. Son objectif : que chacun puisse reprendre à son compte ces processus de réussite.

Il récidive en 1937 avec son ouvrage le plus célèbre, *Réfléchissez et devenez riche*. Existe-t-il une formule secrète pour devenir millionnaire ? La réponse est oui, d'après Hill, fondée sur le principe de la loi de l'attraction selon lequel les pensées se convertissent en monnaie sonnante et trébuchante.

« Quel que soit ce que l'esprit de l'homme peut concevoir et croire, il peut l'atteindre. » Nous pouvons devenir riches (et même très riches) si nous le désirons. Comme les écrits de Wattles, ceux de Hill sont fortement imprégnés de l'esprit « rêve américain » : son rapport à l'argent est décomplexé et s'enrichir financièrement à titre personnel peut parfaitement être un but – peut-être un des plus essentiels, selon lui.

Nous sommes le reflet de ce que nous pensons

Parmi les pionniers de la loi de l'attraction, il est parfois fait état d'un écrivain et philosophe britannique, James Allen, qui, dans son ouvrage de 1902, *L'homme est ce qu'il pense,* déclare ceci : « Un homme est littéralement le reflet de ce qu'il pense, son caractère étant la somme de toutes ses pensées ». Il affirme également que **« les hommes n'attirent pas ce qu'ils veulent, mais ce qu'ils sont »**.

Que notre caractère résulte de ce que nous pensons, rien à redire à cela, mais parler de loi de l'attraction en ce qui le concerne revient à faire un raccourci hasardeux : comme nous sommes ce que nous pensons, et que nous attirons ce que nous sommes, alors nous attirerions ce que nous pensons ?

Bien d'autres ouvrages sur le sujet...

Il est difficile de ne pas mentionner le fameux livre de Rhonda Byrne, *Le Secret* (voir note,

p. 9). Tout a été dit ou presque sur ce livre, qui a surtout superbement utilisé les lois du marketing pour en définitive ne révéler... aucun secret – et faire surgir, paradoxalement, un grand nombre d'adeptes et tout autant de déçus ! Bien évidemment, l'ouvrage est utile quand il rappelle qu'il faut modifier sa façon de penser si celle-ci nous est négative. Pour le reste, chacun se fera son opinion, et je passerai la mienne sous silence afin de ne froisser personne.

Il n'est pas question de citer ici tous les auteurs ayant contribué à la popularisation de la loi de l'attraction. Atkinson, Haanel, Wattles, Hill et Allen en sont les principaux ; on peut également citer Esther et Jerry Hicks. Certains osent même faire remonter cette loi à Bouddha ou mentionner des figures de l'histoire comme Platon, Galilée ou encore Beethoven... D'autres y intègrent des religions comme l'hindouisme ou le christianisme, et certains remontent même à l'origine des temps.

Bref, beaucoup de choses ont été dites (et redites) au sujet de la loi de l'attraction, et il convient, avant d'adhérer à quoi que ce soit, de **bien comprendre de quoi l'on parle et d'en saisir tous les tenants, aboutissants et... imprécisions.**

Tout dépend de ce que l'on met dans cette « loi » et de ce que l'on veut à tout prix y faire concorder.

QUE DIT LA LOI DE L'ATTRACTION ?

Commençons par faire le point sur ce que dit la loi de l'attraction aujourd'hui. Chacun semble en avoir sa propre définition. Il existe cependant des points qui se recoupent.

Une première synthèse simplifiée des postulats se présenterait ainsi :

- Nos pensées sont une énergie.
- L'univers est fait d'énergie.
- Nous pouvons diriger notre existence à l'aide de la puissance de notre pensée, car celle-ci est une énergie qui peut se convertir en matière.
- Il existe un principe selon lequel « qui se ressemble s'assemble ». Or, l'univers étant énergie, tout s'attire. Donc, nos pensées étant énergie attirent une énergie semblable.
- L'énergie de notre pensée peut être positive ou négative. Nous attirons donc quelque chose d'agréable ou de désagréable selon que notre pensée est positive ou négative.
- La loi de l'attraction est l'énergie universelle qui régit notre vie pour chacun d'entre nous.

- Aussi, lorsque nous adressons une demande à l'univers, celui-ci matérialise nos pensées.
- En conséquence, tout ce à quoi nous pensons et croyons peut se réaliser.

C'est ce que l'on appelle la **loi de l'attraction universelle**.

UNE CONCRÉTISATION EN DEUX TEMPS

Toute réalisation, et c'est une vérité dont nous faisons l'expérience chaque jour, se concrétise en deux phases :

1. Tout d'abord, dans notre esprit, quand nous pensons par exemple à un objet ou un projet. Au fur et à mesure de notre réflexion, nous le peaufinons, nous lui enlevons ou ajoutons certains éléments, nous le rêvons, nous nous projetons dans sa finalisation, dans l'utilisation que nous pourrons en faire, dans le plaisir qu'il nous offrira, etc.
2. Puis, nous en prenons possession : nous l'achetons, le louons, le fabriquons, etc. C'est le deuxième moment de création : d'une idée, d'un concept, d'une abstraction qui naviguait dans notre esprit, il y a à présent un objet matériel ou un projet abouti, directement appréhendable.

→

Cela peut concerner notre voiture, notre maison, mais aussi un dossier dans une entreprise, un voyage pour nos vacances, une rencontre avec une personne. Nous avons concrétisé dans la réalité un désir qui n'existait à l'origine qu'à l'état de pensée.
La loi de l'attraction pose le postulat suivant : quand nous sommes à la première phase de concrétisation (la formulation de notre désir, notre pensée), il nous faut alors en faire la demande à l'univers. Puisque tout s'attire, il fera arriver le deuxième moment de création et nous mettra face à ce que nous désirons afin que nous puissions en prendre possession.

Magnifiquement simple, n'est-ce pas ?

« LOI DE L'ATTRACTION UNIVERSELLE » : DES MOTS À (RE)DÉFINIR

L'une des grandes difficultés de la loi de l'attraction universelle, c'est que **ses termes ne sont jamais définis.** Ce qui engendre de nombreuses confusions et approximations, chacun en donnant une interprétation finalement toute subjective. Beaucoup de commentaires se font ainsi à partir d'affirmations en posant comme prémisse que « cela est vrai », puis en font découler développements et conclusions à loisir.

Pour démêler le vrai du faux sur un sujet aussi vaste, populaire et galvaudé que la loi de l'attraction, revenons aux bases et procédons de manière scolaire et méthodique : la définition des termes. Pour comprendre, il faut faire le point sur les vérités que recouvre, ou pas, le concept de « loi de l'attraction universelle ». Essayons donc d'en définir chacun des termes pour savoir de quoi il est réellement question.

La loi de l'attraction universelle est-elle bien une loi ?

Une loi, au sens scientifique du terme, pose des règles auxquelles sont assujettis les phénomènes naturels tout comme les êtres vivants (nous compris). Par exemple, avec la loi de Newton (voir p. 25), et que cela nous plaise ou non, nous sommes soumis à la loi de la gravitation et à ses manifestations. Vous constatez ainsi, sans rien pouvoir y faire, que vous tombez au sol si vous trébuchez, de même qu'une pomme qui se détache de l'arbre tombe irrémédiablement. C'est ce que nous appelons la « pesanteur ».

Une loi physique se définit selon les trois critères suivants :

- **elle est toujours valable**, c'est-à-dire qu'elle s'applique à tout et à tous sans exception ;
- **elle est reproductible :** elle se vérifie systématiquement lorsque les conditions de sa réalisation sont réunies ;
- **elle n'est pas contredite**, c'est-à-dire qu'elle vaut tant qu'aucune expérience ne vient la contredire, jusqu'à ce qu'une autre loi la modifie ou l'annule.

Selon cette définition, la loi de l'attraction universelle doit donc être opérante en tous lieux, en tout temps et à l'égard de tous.

Or... cette « loi » n'opère pas toujours ! Ses partisans affirment : « *Demande et tu recevras* ». Faites-en l'expérience : demandez quelque chose – une belle voiture, un compte en banque bien rempli, une rémission soudaine et spontanée de votre maladie. C'est fait ? Bien. Alors, avez-vous obtenu ce que vous avez demandé ? Non ?...

Soyons pragmatiques et fondons-nous sur l'expérience : **nos pensées n'attirent pas toujours ce que nous voulons** – dans le cas contraire, il y aurait belle lurette que guerres, famine, pauvreté, pollution et injustices auraient disparu de la surface de notre planète. Il y a visiblement des exceptions.

L'attraction universelle ne peut donc être assimilée à une loi, encore moins à la loi de la gravitation newtonienne – sauf à faire un abus volontaire de langage et de comparaison.

Un argument imparable...

Si vous dites à un partisan de la loi de l'attraction que vous avez demandé mais n'avez rien reçu, il est fort probable qu'il vous oppose un argument irréfutable : c'est parce que vous avez mal formulé votre demande ou que vous n'y croyiez pas assez. La preuve avancée pour étayer cela ? Ça marche, puisque c'est une loi ; si ça ne marche pas, c'est votre manière de procéder qu'il faut remettre en question, non la loi.

La belle affaire ! C'est oublier qu'**en science, une loi est tout à fait indépendante de notre intention**. Selon la loi de la gravitation, sur Terre, chaque fois que nous lançons un objet, il retombe immanquablement, et ce, quelle que soit la manière dont nous avons lancé cet objet : que nous y croyions ou non, que nous le lancions avec une grande conviction ou dans le scepticisme le plus absolu, que nous ayons de la force ou non, que nous soyons adroits ou malhabiles, quoi qu'il arrive, l'objet sera soumis à la loi newtonienne et retombera inévitablement. En revanche, chaque fois que nous formulons une demande, nous n'obtenons pas nécessairement ce que nous avons demandé.

Soyons plus réalistes et, plutôt que de parler de « loi », commençons d'ores et déjà à considérer que nous disposons là d'un **processus de réussite** qui agit positivement dans un certain nombre de situations, mais qu'il n'y a pas obligatoirement une relation permanente de cause à effet. En conséquence, comme tout processus, il existe des cas où nous obtenons un résultat différent de ce à quoi nous nous attendions, ou même des cas où nous n'obtenons rien.

QUELQUES PRÉCISIONS POUR BIEN COMPRENDRE DE QUOI L'ON PARLE

Un **processus** peut se définir simplement comme un ensemble d'activités, de phénomènes, corrélés et interagissant les uns avec les autres, qui doivent permettre d'aller d'un point A à un point B. Ce sont donc des opérations successives qui sont organisées d'une certaine manière afin de parvenir, dans la majorité des cas, à un résultat déterminé.

Une **loi physique** décrit un phénomène déterminant un résultat constant. Elle demeure vraie tant qu'aucune expérience ne l'a invalidée. Elle constate sans expliquer le pourquoi. Par exemple, la loi de la gravitation décrit la

gravitation mais n'explique pas pourquoi les corps tombent ou se meuvent, ni pourquoi la gravité existe. Cette explication revient à la théorie de la gravitation.
Une **théorie** est un ensemble de propositions qui expliquent ou décrivent une observation – par exemple, la théorie de l'évolution. Bien que fortement étayée, elle conserve une marge d'incertitude. Si elle était absolument certaine et constante, on parlerait de « loi de l'évolution ».

Newton et la loi de l'attraction universelle

Au XVIIe siècle, dans un ouvrage intitulé *Principes mathématiques de la philosophie naturelle*, Isaac Newton, physicien, astronome et théologien anglais, a mis au jour la loi de la gravitation (également dénommée « loi de l'attraction universelle »). Elle désigne, pour résumer, la force responsable du mouvement et de la chute des objets sur Terre et des corps célestes (les planètes, auxquelles s'ajoutent aujourd'hui les satellites). Cette force attire entre eux des corps ayant une masse (comme les planètes). Par ailleurs, même si les corps en question ont des masses différentes, ils s'attirent avec des forces de même valeur.

La loi de Newton concernait la matière présente dans l'univers. Les partisans de la loi de l'attraction universelle l'ont étendue à nos pensées avec, très simplifié, le raisonnement suivant :

① En physique, tout ce qui a une masse est de la matière. Or, la masse est équivalente à de l'énergie ; donc, la matière est énergie.

② De la même manière, toute pensée possède une énergie. Par exemple, une pensée joyeuse n'a pas le même impact sur votre corps qu'une pensée de nature négative.

③ En partant du principe selon lequel matière et pensée sont énergie, et donc matière et pensée sont équivalentes, il en découle que, si la matière dans l'espace s'attire (loi newtonienne), les pensées s'attirent également.

④ Comme le postulat de base énonce que « tout ce qui se ressemble s'assemble », les pensées positives s'attirent entre elles de même que les négatives.

Or, ce raisonnement suscite de nombreux questionnements :

- Il semble que, de l'équivalence supposée entre matière et pensée, on soit passé à un principe d'identité, ou plus précisément d'égalité, avec l'énergie comme dénominateur commun.

Or, ce n'est pas la même chose, prenons un exemple simple : il est incorrect d'écrire « 4 x 2 = 4 + 4 » puisque, en réalité, « 4 x 2 = 2 + 2 + 2 + 2 ». La première proposition est égale à la seconde en termes de résultat, mais *non équivalente*. Ainsi, 4 paniers de 2 pommes sont différents de 2 paniers de 4 pommes : le nombre total de pommes est le même, mais la structure des paniers est différente. Si nous remplaçons « paniers » et « pommes » par « matière » et « énergie » (ou inversement), nous arrivons à une subtilité du même ordre.

- Si la pensée possède une dimension énergétique, peut-on pour autant parler d'une énergie de la pensée ? Si oui, comment la mesure-t-on et, surtout, peut-on la mesurer ? Elle dégage des impulsions électriques qui ont pu être observées, mais cela est-il suffisant, d'un point de vue scientifique et non ésotérique ? Si l'on quitte la physique classique pour se rapprocher de la mécanique quantique, il apparaît, en simplifiant à l'extrême, que tout dans l'univers est mouvement et serait réponse à l'énergie de « l'autre ». Cependant, même en considérant que pensée et matière se « ramènent » à de l'énergie, s'agit-il de la même énergie ? Par ailleurs, peut-on en conclure que la loi de Newton sur la matière s'applique également à la pensée ? Ce serait occulter la notion de masse, laquelle n'est pas synonyme d'énergie.

- Enfin, le postulat affirmant que « tout ce qui se ressemble s'assemble » n'est pas une loi, mais un proverbe dont nous retrouvons l'origine dans l'*Odyssée* d'Homère : « Les dieux associent toujours ceux qui se ressemblent » (chant XVII, vers 218). Par ailleurs, qui s'attire ? Le même attire-t-il le même ou attire-t-il son opposé ? En effet, un autre dicton dit : « Les contraires s'attirent ». La théorie des contraires, que l'on retrouve chez Pythagore ou Aristote, énonce que rien n'existe sans son contraire. De là découle le principe du Yin et du Yang, chacun persistant dans l'autre, lui permettant ainsi d'exister.

C'est le problème du postulat, dont la définition est « proposition qui ne peut être démontrée, mais qui est nécessaire pour établir une démonstration ». Affirmer ainsi que la loi de l'attraction est « scientifiquement prouvée », comme cela se lit souvent, témoigne d'interprétations parfois hasardeuses ou, à tout le moins, d'un manque de rigueur. **Le mot « hypothèse » plutôt que « loi » serait plus adéquat.** Cela n'enlève rien à l'intérêt de l'hypothèse en question, mais n'a aucunement la précision et l'exactitude que Newton avait déterminées avec sa propre loi de l'attraction universelle.

Un univers inaccessible

Nous en arrivons au terme « universelle ». Il en existe plusieurs significations, mais toutes désignent une globalité, un ensemble. Ainsi, de quelqu'un ayant un grand savoir, on dira qu'il a des connaissances universelles. On parle également de valeurs universelles quand elles concernent l'ensemble des êtres humains, ou de « Déclaration universelle des droits de l'Homme » pour désigner les droits fondamentaux de l'individu dans tous les pays, nations et régimes politiques.

Nous ne savons pas tout sur l'univers

Pour ce qui est de la loi de l'attraction, l'adjectif « universelle » renvoie à **l'univers entier, au cosmos, à la totalité des êtres et des choses.**

Mais alors, qu'est-ce que l'univers ? C'est l'ensemble de tout ce qui existe, c'est-à-dire à la fois la matière avec son espace-temps et tout ce que l'on n'a pas encore découvert. On suppose aujourd'hui, bien que ce ne soit pas certain ni définitif (c'est une théorie, pas une loi ! – voir p. 33), qu'il est infini en étendue tout en étant en expansion, mais qu'il aurait un âge fini (il est né à un moment donné et mourra à un autre moment donné).

Le plus loin que l'on puisse voir depuis la Terre est à environ 13,8 milliards d'années-lumière, ce qui correspond à l'âge que l'on donne à l'univers observable. C'est certes immense mais infime, puisque **nous ne connaissons rien des deux tiers de notre univers** (dans l'hypothèse où il n'en existerait qu'un seul...) et que **nous n'en connaîtrons** sûrement **jamais le tout** car il s'étend et que les galaxies non encore visibles s'éloigneraient de nous plus vite que la vitesse de la lumière.

Nous ignorons également combien de dimensions il présenterait : six ? dix ? davantage ? Beaucoup d'hypothèses s'affrontent sur ce point. Restons-en pour l'instant aux quatre dimensions que nous connaissons : trois dimensions spatiales (longueur, largeur, hauteur) et la dimension temporelle (le temps).

Enfin, « univers observable » ne signifie pas pour autant « univers connu ». Pour le dire autrement, nous ne savons pas grand-chose de cet univers au sein duquel notre planète évolue !

Nous ne connaissons donc que (très) peu de chose de son (ou ses) fonctionnement(s), de son étendue, de sa composition, de son évolution, du type d'énergie dont il s'agit. De ce fait, comment pourrions-nous prétendre tout savoir d'une « loi » qui serait « universelle » ? Si l'on dépasse le très simpliste « demande et tu recevras », de nombreuses interrogations surgissent :

- On dit que des énergies attirent des énergies semblables mais, à l'instar des charges électriques positives et négatives qui s'attirent, des pensées d'énergies contraires ne pourraient-elles pas s'attirer de même ?
- Et si la loi de l'attraction est bien une loi scientifique universelle, qui s'opère également pour tout le monde, mais que deux personnes formulent au même moment des demandes opposées l'une à l'autre, les deux seront-elles réalisées par l'univers… donc s'annuleront réciproquement ou bien l'une d'elles sera-t-elle privilégiée ? Si je demande à obtenir le même poste que mon collègue, lequel de nous deux l'obtiendra ? Cela veut-il dire que la loi sera vraie pour l'un et non pour l'autre ? Et selon quels critères ?
- *Quid* des trous noirs, régions de l'espace dont l'intensité du champ gravitationnel empêche toute forme de matière ou de rayonnement de s'en échapper ? L'énergie de nos pensées peut-elle, de même, se perdre dans un trou noir ?

- L'univers a-t-il compétence en tout et pour tout ou bien n'est-il compétent qu'en fonction de la qualité de notre demande ?
- Si je formule une demande positive, comme expliqué par les partisans de la loi de l'attraction, je recevrai une énergie positive équivalente. Mais supposons que mon désir « positif » soit de manipuler, de briser ou de tuer quelqu'un... l'univers va-t-il accéder à ma demande ? Qu'est-ce qui, dans l'univers, détermine les pensées « positives » des pensées « négatives » ? L'univers aurait-il une « loi morale » qui ne concrétise que ce qui ne cause pas du tort à autrui ou au monde ?
- Existe-t-il une manière spécifique de demander pour être certain de recevoir une réponse adéquate ?
- Si nous doutons de l'univers/si nous ne croyons pas assez fort en lui, va-t-il nous répondre quand même ? Et qu'est-ce qui détermine une croyance « suffisamment » forte ? À partir de quel moment croyons-nous assez fort en lui ?

Ce que nous en savons peut ne pas être vrai

Même pour l'infime part que nous connaissons de l'univers... sommes-nous certains de ne pas être dans l'erreur ? N'oublions pas qu'à une certaine époque (reculée pour nous, mais toute récente à l'échelle de l'univers), nous étions convaincus que la Terre était plate comme un disque. Ceux qui soutenaient cette théorie n'étaient pas plus idiots que nous, mais ils ne disposaient pas des mêmes connaissances ni des mêmes instruments de mesure.

Et si nous avons pu nous tromper en ce temps-là, pourquoi ne nous tromperions-nous pas encore aujourd'hui ? Si, dans le futur, nous parvenons à développer de nouvelles technologies, à mieux comprendre l'univers, qu'allons-nous découvrir encore qui viendrait remettre en question nos connaissances actuelles ? **Ce que nous prenons pour sûr aujourd'hui sera peut-être totalement faux demain.**

Pour résumer, l'univers nous est encore trop méconnu et le restera sans doute toujours. Partant de ce constat, comment affirmer la véracité d'une « loi » reposant sur le flou et l'inconnu ? Est-il réellement possible d'adresser des demandes à l'univers, de s'en remettre entièrement à une « loi de l'attraction universelle » en espérant un résultat constant et toujours prévisible ? **Trop d'interrogations subsistent, en somme, pour affirmer quoi que ce soit.**

FINALEMENT, EXISTE-T-ELLE OU NON ?

L'esprit humain est ainsi fait qu'il a besoin de cohérence. Face à un événement donné, il va préférer une explication fausse à une absence d'explication, car cela est rassurant. C'est ainsi que sont établies des causalités qui, pour un esprit rigoureux, peuvent parfois sembler étonnantes, voire absurdes. C'est ainsi que des personnes expliquent la totalité des événements qui arrivent par le biais de la loi de l'attraction ou décident d'organiser leur existence grâce à elle.

Partisans vs détracteurs

Ce qui est sûr, c'est qu'elle peut se définir comme un processus de réussite. Mais il y a sans doute deux attitudes à éviter et, pour simplifier, distinguons deux « clans » :

- **Le premier est celui de ceux qui la rejettent en bloc** telle qu'elle est parfois décrite pour privilégier une analyse objective et une interprétation rationaliste. C'est mettre en application le fameux adage du *Protagoras* de Platon : « L'homme est la mesure de toute chose ». Pour l'esprit rationnel, comment peut-on dire qu'il existe une loi de l'univers puisqu'elle n'est pas démontrable par l'expérience et opérable en toutes circonstances et pour tous ? L'inconvénient de cette approche, c'est qu'elle manque de poésie et de mystère (et nous en avons besoin !), et pose comme postulat que rien ne peut exister d'autre que ce que l'homme détermine comme vrai. C'est se rendre responsable de tout et peut s'assimiler à un péché d'orgueil. C'est en outre fermer la porte à d'autres possibilités.

- **L'autre clan regroupe ceux qui l'acceptent en bloc** pour privilégier une quête du symbole et se réconforter par le biais d'une « puissance supérieure » qui ne peut que nous aider. Pour l'esprit ésotérique, comment peut-on dire qu'il n'existe pas de loi de l'univers puisque beaucoup de preuves attestent de son existence ? L'inconvénient de cette approche, c'est qu'elle fait la part trop belle à l'ésotérisme. Le fait de la parer de vertus scientifiques sert à rendre rationnel et objectif ce qui ne ressort que de la croyance personnelle et subjective. C'est parfois se déresponsabiliser en remettant à une entité extérieure le pouvoir d'accomplir ce que nous ne faisons pas. Là aussi, c'est fermer la porte à d'autres possibilités.

Dans chaque option, il y a un postulat de base d'où tout découle, et notamment dont découle toujours un procès :

- contre les adeptes de la loi de l'attraction : « *Cela n'a jamais été démontré, donc votre croyance est fausse, car basée sur de pseudo-théories scientifiques* » ;
- contre les détracteurs de la loi de l'attraction : « *Il y a des choses qui nous dépassent, donc votre croyance est trop étroite, car fondée uniquement sur vous-mêmes et ce que vous croyez savoir* ».

Et si nous changions ce postulat de base ? **Osons une approche différente, plus globale et surtout plus nuancée.**

Quelques pistes de réflexion sur la loi de l'attraction

Vérité universelle ou vérité subjective ?

Tout d'abord, est-il si important que cela de déterminer si la loi de l'attraction est vraie ou fausse ? C'est important si on l'érige en vérité absolue que l'on veut imposer aux autres, quitte à les manipuler, à les fourvoyer, à leur faire prendre des risques. Ce n'est pas important si cela vous procure des émotions positives et vous aide dans votre vie quotidienne. Le critère du vrai et du faux ne serait donc peut-être pas le bon et mieux vaudrait privilégier celui-ci : **cela**

m'aide-t-il ou cela ne m'aide-t-il pas ? Est-ce bénéfique pour moi ou non ?

Un univers méconnu ?

Ensuite, qu'en est-il de l'univers ? Nous avons vu que ce que nous en connaissons est infime. On peut dire que c'est à cause de cette part d'inconnu que les « rationalistes » réfutent la loi de l'attraction et que les « ésotériques » la privilégient. Or, l'approche peut être encore plus vaste, à la dimension de l'univers : s'il n'est pas connu, nous pouvons donc supposer que le processus décrit par cette loi a autant de chances de ne pas exister… qu'il en a d'exister. **Si rien ne permet de dire que c'est vrai, admettons également que rien non plus ne permet de dire que c'est faux.**

Cela signifie que, puisque nous ne connaissons pas tout dans l'univers, il est possible que la loi de l'attraction universelle existe. On trouve de nombreux témoignages de personnes qui ont eu le sentiment que l'univers répondait à leurs demandes ; mais ces témoignages ne permettent pas non plus d'affirmer de manière absolue et irréfutable que la loi de l'attraction existe bel et bien, et pour tout le monde.

Une loi physique complexe ?

Allons encore plus loin. **Peut-être est-ce en fait réellement une loi physique, mais infiniment plus subtile et plus complexe que ce que nous en supposons.** Il ne s'agit pas de simplement demander pour que tout arrive automatiquement, ce serait trop simpliste, mais il n'en demeure pas moins qu'arrivent effectivement des choses que nous avons demandées. Le « schéma » de la loi de l'attraction serait-il autrement plus complexe qu'une simple équation « demande = résultat » ? Il n'existe pas – ou de manière exceptionnelle – d'événement ayant une cause unique. Tout ce qui arrive vient d'une pluri-causalité ; nous connaissons certaines de ces causes et nous en ignorons d'autres, et certainement ne les connaîtrons-nous jamais.

Une question de vibrations ?

Il est également tout à fait possible que la sensibilité que nous avons à ce qui nous arrive dépende de notre niveau vibratoire. Plus on serait harmonisé avec ses valeurs, plus on agirait en adéquation avec soi et le monde (respect, bienveillance, authenticité, écoute de soi et des autres, etc.) et plus on vibrerait avec justesse.

Ce serait comme lorsqu'on accorde une guitare : c'est toujours une note par rapport à un ensemble. Mieux on la règle et plus elle se rapproche de la justesse, jusqu'à ce que, enfin, la note s'intègre parfaitement dans le tout : là, enfin, nous pouvons produire de la musique, c'est-à-dire une réalisation concrète et audible de la pensée de la musique que nous avions en tête. En musique, on appelle « harmonie » le fait d'émettre en même temps plusieurs sons différents ; elle étudie donc la construction des accords, c'est-à-dire un ensemble de notes jouées le plus souvent simultanément et considérées toutes ensemble comme formant un tout agréable à l'oreille. Dès lors que chaque note a été réglée avec justesse et que toutes sont « assemblées » judicieusement, l'accord se fait et l'ensemble est harmonieux.

De la même manière, lorsque nous sommes ajustés avec nous-mêmes et avec ce qui nous environne, une harmonie se crée. Cela n'est pas sans rappeler ce que l'écrivain Romain Rolland dénommait, en 1927, le « sentiment océanique » : cette impression de se sentir en unité avec l'univers (ou avec ce qui est « plus grand que soi »), que ce soit avec ou hors de toute croyance religieuse, et dont il résulte un état de profonde sérénité. **Plus une personne rayonne, vibre proche de son centre, est en connexion parfaite avec elle-même et**

avec ce qui l'entoure, et plus elle attire à elle des choses, des personnes, des événements en correspondance avec ce qu'elle est. Chacun d'entre nous peut l'expérimenter et les personnes que nous rencontrons et avec lesquelles nous tissons un lien personnel sont souvent des personnes correspondant à qui nous sommes au moment de cette rencontre. En quelque sorte, chacune est attirée par l'autre en sentant intuitivement qu'une connexion harmonieuse peut se faire.

Nous pouvons alors nous interroger :

- Peut-être faut-il atteindre un certain niveau vibratoire, par ce que nous avons mis en œuvre dans notre vie pour devenir qui nous sommes ?
- Peut-être faut-il être énergétiquement « prêt » à recevoir ce que l'on demande ou, tout du moins, à laisser venir ce qui se présente ?
- Peut-être aussi croit-on ne pas recevoir en certaines situations alors que nous avons bien reçu mais sous une forme différente, d'une manière différente ?
- Peut-être recevons-nous seulement et précisément ce que nous sommes prêts à vivre et en capacité de vivre, que ce soit positif ou négatif (ou que nous interprétons comme positif ou négatif) ?

- Peut-être finalement recevons-nous exactement ce que nous avons demandé ?

Là encore, rien ne permet d'affirmer ou d'infirmer quoi que ce soit. Toutes ces suppositions et interrogations demeurent sans réponse définitive, mais sont néanmoins tout à fait possibles et méritent donc d'être posées.

N'adoptez que votre croyance propre

Le problème de la loi de l'attraction est qu'elle a été trop encombrée de pseudo-vérités affirmées sans démonstration ni nuances ; certains les ont adoptées en totalité et d'autres les ont refusées, en totalité également. La « vérité » est peut-être dans un juste milieu, ou bien encore ailleurs !

À RETENIR

Aussi, et plutôt que de s'enfermer dans des rêves qui n'amèneront que désillusions ou de tourner le dos à tout autre possible qui conduirait à la frustration, reconnaissons en toute humilité que nous ne savons pas. Mais que cela ne nous empêche pas, bien au contraire et pour chacun d'entre nous, de choisir en conscience la voie qui nous paraît la meilleure, celle qui « vibre » le plus en nous, et surtout la plus susceptible de nous aider ; redisons-le : c'est, dans tous les cas, un processus de réussite, et là est son essentiel.

Il paraît donc plus juste, en fonction de nos (mé) connaissances actuelles et des croyances de chacun, de parler, au choix, de Source, d'énergie cosmique, ou primitive, ou vitale, d'âme, de vortex, de Dieu, voire du Tao. Si le mot « univers » est pour vous, dans ce contexte, équivalent à l'un de ces termes, conservez-le. **Adoptez tout simplement la terminologie qui vous convient** en gardant à l'esprit ce que nous avons vu précédemment : nous ne savons pas s'il y existe réellement une loi qui s'appliquerait à tous, en tous lieux et tout temps, et si elle existe, nous ne pouvons déterminer avec précision son fonctionnement. L'important est que votre croyance corresponde à *vos* convictions, à *votre* vision de la vie et du monde, car c'est **en étant fidèle à vous-même** (et non en suivant aveuglément quelque chose auquel vous n'adhérez pas, au fond, avec le cœur) **que vous serez capable de vous mettre en mouvement pour réaliser ce que vous voulez vraiment dans votre vie.**

Mais, et c'est ce que nous allons voir ensuite, nous pouvons présupposer une certaine manière de faire, qui nous permette par ailleurs de mieux connaître nos désirs, nos aspirations, nos motivations profondes, et qui nous fasse agir d'une façon plus juste avec nous-mêmes et le monde qui nous entoure.

Loi de l'attraction ou simple processus de réussite, l'évolution positive de votre vie est en tous les cas assurée si vous allez plus loin que le trop simpliste « demande et tu recevras ».

Chapitre 2

Les biais de la loi de l'attraction

En sciences cognitives, un biais est une forme de pensée qui dévie notre jugement et intègre systématiquement des distorsions dans le traitement de l'information. Les biais cognitifs, auxquels nous sommes toutes et tous fréquemment sujets, nous conduisent ainsi à accorder une importance différente à des faits de même nature. Pourquoi parlons-nous de « biais » ? Parce que, par rapport à une réalité, la pensée logique et rationnelle est déviée afin d'analyser le plus rapidement possible une situation pour la rendre cohérente avec notre vision du monde et pour ne pas avoir en même temps dans notre tête deux idées qui se contredisent.

Et s'il est un domaine où les biais sont légion, c'est bien celui de la loi de l'attraction ! Est-ce réellement une loi ? nous n'en savons rien, car elle est invérifiable ; c'est bien pour cela que ses plus fidèles partisans usent et abusent, sans en avoir toujours conscience, des biais cognitifs pour mieux nous convaincre.

LE BIAIS DE CONFIRMATION : UN ARGUMENT IMPARABLE

Nous avons globalement deux modes de fonctionnement cérébraux différents, voire opposés :

- un système rationnel, réfléchi, lent, qui contrôle et requiert un certain effort mental ;
- et un système émotionnel, rapide, intuitif et quasi automatique (qui prend souvent le dessus).

Nous croyons souvent penser d'une certaine manière (de manière rationnelle)… et ce n'est pas vrai ! Car, pratiquement tout le temps, nous sommes sous l'emprise de nombreux biais cognitifs.

De manière inconsciente, en général, **notre cerveau interprète ce qui est en le simplifiant**, d'où les stéréotypes, les préjugés, les catégorisations et toutes nos croyances qui permettent d'ordonner le monde qui nous entoure selon notre façon de le concevoir. Il existe beaucoup de biais, souvent utilisés pour séduire ou exploiter. Par exemple, la publicité pour pousser à la consommation, les médias pour attirer l'attention sur un événement peu intéressant ou en minimiser un qui ne doit pas prendre trop d'ampleur, ou même, paraît-il, les politiques pour rendre leurs discours plus séduisants.

Le premier qui nous intéresse ici est le biais de confirmation : il désigne une tendance, assez naturelle et du coup très fréquente, **à rechercher et à donner une préférence aux informations ou aux hypothèses qui confirment nos croyances et nos idées sans prendre en compte ni vérifier leur véracité.** À l'inverse, nous prenons peu en considération, ou même ignorons ou discréditons, les informations ou hypothèses qui les contredisent. En tant qu'êtres humains, nous ne cherchons généralement pas à infirmer ce que nous savons. Bien au contraire, nous avons besoin de confirmer nos croyances et connaissances mais, ce faisant, nous « biaisons » le traitement de l'information – c'est pourquoi on parle également de « biais de confirmation d'hypothèse ».

Biais de confirmation et loi de l'attraction

Rapportons cela à la loi de l'attraction : une personne vous demande de croire de manière absolue, jusqu'à avoir la foi, que l'univers répondra favorablement à votre demande. Problème : vous avez demandé mais n'avez rien obtenu. Vous pourriez logiquement en conclure que cela ne marche pas, ou pas toujours, ou pas comme elle l'a dit, puisque vous n'avez pas pu en faire l'expérience.

Mais cette personne, elle, y trouve une autre explication : si vous n'avez pas obtenu ce que vous demandiez, c'est que vous vous êtes mal débrouillé ou que vous n'y croyiez pas assez, puisque vous *deviez* nécessairement obtenir ce que vous vouliez, puisque « ça marche ».

Ce raisonnement est doublement problématique :

① Il n'est pas argumenté et procède par affirmations, sans preuves, sans sources, sans documentation et sans analyse.

② Il fonctionne en mode binaire : ça marche ou ça ne marche pas. Et si ça ne marche pas, c'est évidemment de votre faute puisque le postulat de base est : ça ne peut que réussir.

En affirmant que cette loi ne peut pas échouer, la conséquence est qu'obtenir ce que nous voulons prouve son pouvoir sans limite et sans fin ; en revanche, si nous n'avons rien reçu, c'est parce que nous ne l'avons pas correctement appliquée. Et si vous doutez encore, cette même personne pourra aller plus loin en affirmant que l'univers vous donne la meilleure réponse que vous pouvez recevoir en fonction de vos croyances. C'est donc à vous d'interpréter cette réponse pour en ressortir plus fort.

C'est là un très bel exemple de ce fameux « biais de confirmation » : **l'objectif, conscient ou inconscient, est de réinterpréter les choses de manière à les faire concorder avec la croyance de base** – ici, la loi de l'attraction et son supposé fonctionnement. Et le moindre événement qui interviendrait en faveur de cette personne ou en accord avec sa croyance est directement requalifié en validation, en preuve irréfutable.

CQFD. Imparable. Tout scepticisme y est totalement exclu : si vous doutez, si vous vous posez des questions, si vous demandez des preuves, cela veut dire que vous n'y croyez pas, ou pas assez. Or, d'après les inconditionnels de la loi de l'attraction, une croyance aveugle en ses pouvoirs magiques est indispensable pour qu'elle fonctionne. Vous voilà bien embêté, parce que la logique absurde de cette argumentation, qui exclut tout débat, vous interdit donc toute repartie.

UN BESOIN ESSENTIEL DE COHÉRENCE

Ce fonctionnement répond à un besoin de cohérence auquel nous sommes tous soumis : nous avons besoin que le monde qui nous entoure ait du sens… peu importe le sens et peu importe qu'il soit avéré ou non. Si cela ne se fait pas, nous sommes en présence de ce l'on appelle la dissonance cognitive : lorsque nous percevons une dissonance, un désaccord entre ce que nous pensons, croyons, et la réalité ou une autre pensée, nous cherchons spontanément à réduire cette dissonance par ce tout qui permet de nous conforter dans notre position (ce qui est, d'ailleurs, plus *confortable* que de se remettre en question) : j'ai une croyance, ça marche ; vous me donnez la preuve que ça ne marche pas et que donc, ma croyance doit être remise en question ; c'est inacceptable pour moi, j'en déduis donc que vous vous trompez forcément et je le prouve, si besoin de manière abusive, par tout moyen qui validera ma croyance et invalidera la vôtre.

Difficile d'adhérer sans réserve à quelque chose quand il ne nous est même pas permis d'en douter...

RASSURER SON BESOIN DE COHÉRENCE *VIA* L'ILLUSION DE CORRÉLATION

Dans le même ordre d'idées se trouve l'illusion de corrélation (encore appelée « corrélation illusoire ») : c'est le fait d'**établir une fausse causalité ou une fausse association entre deux ou plusieurs événements ou situations.**

Les preuves retenues, pour infirmer ou confirmer, subissent, elles aussi, la même sélection. Certains l'utiliseront à des fins de manipulation, mais nous y avons nous-mêmes fréquemment recours pour rassurer notre besoin de cohérence : mieux vaut une fausse vérité (car c'est réconfortant) que pas de vérité du tout (car c'est angoissant) ou qu'une quête sérieuse et objective pour mettre au jour la « vraie » vérité (car c'est fatigant/difficile).

Ces fausses mises en relation permettent ainsi de **privilégier (souvent inconsciemment) ce qui va dans le sens de nos hypothèses ou croyances plutôt que ce qui va à leur encontre**. Certaines font partie de notre quotidien et n'ont pas d'incidence particulière : *« Je lave ma voiture et évidemment, il pleut ! », « Chaque fois que je suis pressé, tous les feux passent au rouge »* ou bien encore *« J'ai réussi mon entretien d'embauche parce que j'avais ma cravate porte-bonheur »*. Rapportée à la loi de l'attraction, cette illusion de corrélation donne lieu à ce que j'appelle le « syndrome de la place de parking » : *« J'ai pu me garer parce que j'avais demandé à l'univers de me trouver une place libre »*. Mais cela peut concerner des événements plus importants aux enjeux plus conséquents : *« J'ai divorcé parce que l'univers a décidé que c'était mieux pour moi. »*

Dans toutes ces situations, l'illusion de corrélation consiste à mettre en lien deux événements qui n'ont aucun rapport entre eux et à faire malgré tout de l'un la cause directe de l'autre. C'est du même ordre d'idées que certains syllogismes où le raisonnement donne l'apparence du vrai ou de la rigueur : la prémisse peut être tout à fait exacte mais la logique est fallacieuse et donne une conclusion fausse. Cela peut devenir caricatural, comme le fameux sophisme : « Tout ce qui est rare est cher. Un cheval bon marché est rare. Donc, un cheval bon marché est cher. »

Le problème, c'est que **ce biais peut maintenir ou renforcer une croyance initiale, même si quelqu'un y oppose des preuves contraires.** Ce qui explique parfois la difficulté de contredire, remettre en cause ou tout simplement questionner des interprétations de la loi de l'attraction, puisque ces interprétations-là ont été biaisées dès l'origine par la sélection d'informations prises comme preuves absolues et donnant naissance à des croyances considérées comme vraies (voir p. 44). Le problème plus grave, et parfois dramatique, c'est d'établir des corrélations comme *« J'ai demandé à l'univers de guérir mon cancer et ça a marché »*, d'en tirer une conclusion universelle et de dire à une personne gravement malade : « Tes traitements ne servent à rien, demande à l'univers ».

Méfiance, donc, quand un partisan de la loi de l'attraction affirme se référer à des textes religieux ou scientifiques sans accepter de votre part la moindre mise en doute ou qu'il la démontre par des événements ou des penseurs d'autrefois (une loi ne se démontre pas en se référant au passé).

NOUS INTERPRÉTONS LA RÉALITÉ POUR CRÉER NOTRE RÉALITÉ

Un autre biais cognitif très courant est le biais d'interprétation. Nous croyons percevoir de manière juste le monde qui nous entoure via nos cinq sens et sommes persuadés que ce que nous percevons est la réalité. Mais c'est oublier un peu vite que l'information que nous recevons de nos sens passe par un filtre, et non des moindres : notre cerveau, dont le rôle est de trier, sélectionner et *interpréter* l'information.

Voici un exemple très connu en psychologie positive : celui du verre à moitié plein ou à moitié vide. Le fait, qui est irréfutable et démontrable de manière empirique, est que ce verre (mettons qu'il ait une contenance de 20 cl) contient 10 cl de vin.

L'interprétation, en revanche, est variable d'une personne à une autre :

- Soit nous « voyons » le verre à moitié plein. Nous choisissons ainsi, consciemment ou pas, d'adopter une vision positive en songeant au plaisir de ce qu'il nous reste à déguster. Notre pensée est axée sur ce qui est et se réjouit du plaisir à venir. Nous « voyons » le plus.
- Soit nous « voyons » le verre à moitié vide. Nous choisissons ainsi, consciemment ou pas, d'adopter une vision négative en songeant au plaisir déjà achevé de ce que nous avons bu. Notre pensée est axée sur ce qui n'est plus et s'attriste du plaisir disparu. Nous « voyons » le moins.

Pourtant, le verre de notre exemple contient, dans les deux cas, 10 cl de vin, ni plus ni moins.

Remplaçons à présent ce verre et son niveau par tout événement de notre vie et nous constatons qu'une même situation peut s'appréhender très différemment, et même se « réduire » à une vision positive ou négative. De là vient que nous sommes heureux ou malheureux, ou que nous ne parvenons pas à comprendre une personne voyant tout en noir alors que nous voyons tout en rose et réciproquement !

Nous parvenons ici par un fabuleux tour de passe-passe (celui de notre cerveau) à biaiser la réalité de manière à la rendre conforme à nos croyances ou notre vision du monde (comme avec le biais de confirmation, voir p. 45).

Nous assimilons donc la réalité à ce que nous percevons :

- Si nous avons tendance à « voir le verre à moitié plein », à envisager le monde positivement, il est possible que nous interprétions nombre d'événements comme étant des signes ou des réponses de l'univers.
- À l'inverse, si nous voyons perpétuellement le « verre à moitié vide », peut-être passerons-nous à côté de potentielles réponses de l'univers parce que nous ne les interpréterons pas comme telles.

Dois-je toujours tout voir en rose pour que la loi de l'attraction fonctionne ?

Attention, penser « positivement » ne signifie pas tout considérer, envers et malgré tout, comme quelque chose de merveilleux. S'accrocher obstinément à des pensées du genre « *Tout va toujours bien* », « Il faut être perpétuellement heureux », etc., c'est nier la réalité (il y a des événements plus agréables à vivre que d'autres) et surtout nier vos émotions en réaction à ces événements. **Penser positivement, c'est être capable d'accepter ce qui est et de se projeter dans le futur avec espoir et le plus objectivement possible.**

Illustrons cela simplement : votre médecin vous annonce que vous avez la grippe.

- Interprétation avec la pensée positive : vous relativisez. Ce n'est pas amusant, mais vous n'en faites pas un drame. Vous décidez de vous soigner consciencieusement pour mieux vous rétablir et songez que, dans une semaine, ce sera terminé et que vous pourrez reprendre vos activités.
- Interprétation avec la pensée négative : vous vous plaignez. Ce n'est pas amusant et vous vous en faites une montagne. Vous décidez de vous soigner « parce qu'il le faut bien » et songez à tout ce que vous n'allez pas pouvoir faire pendant une semaine.

Nous voyons bien que notre bonne humeur ou nos plaintes dépendent, non des faits, mais **de notre manière d'y réagir**, qui elle-même dépend des croyances générales que nous avons sur nous, sur les autres et sur la vie en général.

VOUS AVEZ LE DROIT DE VOUS PLAINDRE !

Évidemment, même si vous cultivez la pensée positive, il peut vous arriver de vous plaindre et d'être abattu pour un événement quelconque. C'est normal : vos émotions sont fluctuantes et, certains jours, comme tout le monde, vous n'avez pas le moral ou pas la forme. Mais ce sont là des exceptions : habituellement, votre vision est globalement optimiste et vous êtes attentif à ce qui vous permet de cultiver cet optimisme. Si vous adressez des demandes à l'univers, que la loi de l'attraction existe ou non, il est probable que vous ayez souvent le sentiment de recevoir des choses positives, parce que vous interpréterez volontairement les événements que vous vivez de manière positive et constructive pour vous.

Le problème, c'est si, quotidiennement, vous interprétez chaque événement comme un problème, un empêchement, un drame. Et si quelqu'un tente de vous rassurer, vous lui rétorquez qu'il faut être « lucide », qu'il faut « voir la réalité en face », etc. Ce faisant, vous vous maintenez dans le pessimisme et il vous est difficile de vous sentir heureux ou d'avoir le sentiment que l'univers répond à vos attentes.

Adhérez-y avec la tête autant qu'avec le cœur

Mais vous contraindre à un optimisme absolu et rationnel, parce qu'il faut « penser positif pour être heureux », ne fonctionnera pas. Si un adepte de la loi de l'attraction vous demande de croire à une idée que vous ne ressentez pas, à laquelle vous n'adhérez pas spontanément, cette idée ne vous servira à rien.

Pour y adhérer, il faudra :

- *a minima* que vous en soyez convaincu (**c'est-à-dire que vous y adhériez avec la raison**) : vous aurez besoin pour cela d'une explication, d'une argumentation, d'exemples qui tiennent la route ;
- mais également que vous en soyez persuadé (**c'est-à-dire que vous y croyiez aussi avec votre cœur, vos émotions**).

Si l'autre vous reproche d'être sceptique et affirme que cela ne marchera pas puisque vous doutez, il oublie et la raison, et le cœur : une telle démarche n'a aucune dimension rationnelle ni émotionnelle, car il ne s'agit plus de partager et transmettre avec vous son interprétation, mais de vous imposer ce qu'il croit être sa réalité (en fait, sa *vision* de la réalité).

Si vous pensez positivement et que vous le faites avec votre cœur, si vous adhérez à la loi de l'attraction parce que non seulement vous êtes convaincu, mais persuadé que cela fonctionne, alors oui, les chemins s'ouvrent, car vous allez spontanément inclure du positif dans votre vie, tant dans vos idées que dans vos paroles et vos attitudes, puis, à la fin, dans vos accomplissements. Ce faisant, vous attirerez du positif. L'attraction commence alors à prendre du sens !

N'oubliez simplement pas, surtout lorsque vous partagez votre vision avec autrui, que ce n'est jamais que *votre* vision, *votre* interprétation – peut-être concorde-t-elle avec la réalité, peut-être la loi de l'attraction existe-t-elle mais, **faute de preuve, c'est pour l'heure une croyance qui n'appartient qu'à vous.**

LE SENTIMENT DE TOUTE-PUISSANCE : UNE ILLUSION DANGEREUSE

Nous venons de voir comment la pensée positive, lorsqu'on y adhère à la fois rationnellement et émotionnellement, peut avoir une influence bénéfique dans notre vie, et notamment dans la mise en œuvre de la loi de l'attraction. Mais il ne faut pas la confondre avec la **pensée magique**, qui fait intervenir un autre biais courant : le sentiment de toute-puissance.

La pensée magique, c'est le mental qui fonctionne à plein régime et qui considère ou qui ordonne qu'il « faut » être positif : un proche est gravement malade, ou vous avez de gros problèmes financiers, ou encore votre couple bat sérieusement de l'aile, et vous déclarez que tout va bien, qu'il faut en retirer du positif. Aucune connexion avec les émotions ni avec la réalité. C'est une **pensée positive poussée à l'extrême**, jusqu'à en devenir une caricature – aux conséquences souvent fâcheuses, voire dangereuses. Ce serait une « tyrannie du bonheur obligatoire », pour reprendre une expression du romancier et essayiste Pascal Bruckner, qui écrit : « Nous sommes la première société dans l'histoire à rendre les gens malheureux de ne pas être heureux ». Voir le bon côté des choses, c'est bien, mais divaguer dans une féerie permanente, ça l'est moins, surtout si on reproche aux autres de ne pas adhérer à ce fantasme.

Précisons davantage. Notre façon de penser le monde crée *notre* réalité en ce qu'elle nous donne une perception spécifique de ce qui est, comme nous l'avons vu précédemment (voir p. 52). Vous trouvez que telle musique est belle : c'est *votre* réalité. Votre voisin la trouve affreuse : c'est *sa* réalité. Remplacez « musique » par tout autre mot et « belle » par n'importe quel qualificatif, et vous comprendrez pourquoi il existe autant de « réalités » que d'individus sur Terre. Autrement dit, **votre réalité n'appartient qu'à vous (et vous pouvez en modifier l'interprétation à loisir)** et la réalité du voisin n'appartient qu'à lui (et charge à lui d'en modifier son interprétation s'il le souhaite).

Vous n'êtes pas responsable de tout

Notre pouvoir s'arrête ainsi à nos propres interprétations de la réalité. Au-delà, le reste ne nous appartient pas. Et c'est bien là l'écueil de la pensée magique, souvent utilisée à tort et à travers dans le cadre de la loi de l'attraction. Cela signifie que la loi de l'attraction crée votre réalité, mais non la réalité. On confond souvent le subjectif et l'objectif, et c'est ce qui cause problème. D'un côté le réel, de l'autre ce que nous en percevons, et les deux ne coïncident pas nécessairement !

Si le train dans lequel vous voyagez déraille, non, vous n'y êtes pour rien. S'il y a un tremblement de terre ou des conflits sur la planète, non plus. Pour de tels événements, non seulement vous n'êtes pas coupable d'avoir eu des pensées négatives mais, de plus, vous n'avez pas pu les engendrer puisque vous n'avez dessus aucune prise. C'est une réalité à accepter pour votre propre paix intérieure : désolé, mais **vous n'êtes pas tout-puissant** !

Si la loi de l'attraction était aussi omnipotente que certains l'affirment, il ne devrait plus y avoir la moindre guerre ni catastrophe naturelle. Et quel pouvoir nous aurions ! Il nous suffirait de demander pour obtenir. Entrevoyez-vous les dérives qui s'ensuivraient nécessairement ? La loi de l'attraction, si elle existe, a sa force, certes, mais ce n'est pas un remède miracle qui nous permettrait d'obtenir tout ce que nous désirons. S'imaginer cela, c'est prendre un passeport pour une désillusion assurée.

Si la loi de l'attraction vous aide à mieux organiser le déroulement de votre existence (c'est pourquoi nous parlions, plus haut, de « processus de réussite » – voir p. 15), adoptez-la, mais restez lucide. En aucun cas elle ne peut permettre de décider de tout : ce serait rester au stade de l'enfance avec l'illusion, comme dans les contes de fées, de disposer d'un pouvoir magique. Si cela est vrai dans le monde imaginaire de l'enfant, ça ne l'est pas dans le monde réel où nos vies se déroulent, quelle que soit l'interprétation que nous en faisons.

Ce biais de toute-puissance se rapproche de la superstition : une croyance irraisonnée et irrationnelle qui accorde à certains phénomènes, actes ou paroles un pouvoir d'influence déterminant. S'attacher de manière inconsidérée aux principes de la loi de l'attraction et en faire l'origine d'absolument tout ce qui arrive, c'est lui attribuer un caractère surnaturel et nier notre capacité de décision.

Agir est nécessaire… mais ne garantit pas le résultat !

C'est aussi oublier que **ce qui dépend de nous n'existe que si nous nous mettons en mouvement**. Si vous restez assis dans votre canapé à longueur de journée, vous aurez beau demander et supplier de rencontrer l'âme sœur, vos chances d'y parvenir seront fortement réduites. Mais agir ne vous garantit pas nécessairement d'obtenir le résultat escompté !

Si je cherche un nouvel emploi avec optimisme, que je suis motivé, que j'y crois, que j'y mets les moyens nécessaires, j'agis sur ma mise en mouvement et je permets que des choses positives, potentiellement, m'arrivent : il est donc probable que je trouve un emploi, qui plus est un emploi qui me plaise vraiment. Mais cela ne me le garantit pas et je dois en rester conscient

– c'est, en l'occurrence, le recruteur qui détient ce pouvoir. Si je me contente de rester assis chez moi et de demander à l'univers de m'envoyer un travail sans rien faire, il y a peu de chance (voire aucune) pour que j'obtienne ce que je désire.

Si je crois avoir trouvé l'âme sœur, je peux en être éperdument amoureux, lui offrir des cadeaux, demander à l'univers qu'elle m'aime en retour… mais je ne peux pas la faire tomber amoureuse de moi. Je peux éventuellement influer sur ses sentiments par mon attitude, mes attentions, mon écoute, mon soutien, l'amour que je lui porte, etc. – en tout cas, plus que si je ne fais rien ni ne manifeste rien –, mais je ne peux pas compter aveuglément sur un succès garanti à 100 % ; c'est l'élue de mon cœur qui détient ce pouvoir.

Non, la loi de l'attraction ne permet pas de tout contrôler

La pensée magique est tout aussi perverse quand elle vient de l'extérieur, comme si l'ego insuffisamment structuré avait besoin coûte que coûte d'un manuel de pensée, d'un enseignement ou d'un maître quelconque. Voici un très bon exemple de pensée magique dont nous parlons depuis le début de cet ouvrage : « *Demande n'importe quoi à l'univers et il te l'enverra.* » Honnêtement, si je m'installe dans mon transat en demandant à l'univers de m'envoyer une Ferrari rouge, pensez-vous qu'elle va venir se garer devant mon portail ? Vous pensez que j'exagère, que je caricature ? C'est pourtant ce que l'on croise dans bon nombre de « bibles » sur le sujet : il suffit de remplacer « Ferrari » par « conjoint idéal », « travail idéal » (et bien payé), « vie paradisiaque », « compte en banque à 6 chiffres » ou « paix dans le monde », et ce que j'avance n'est plus si exagéré que ça.

Certains poussent d'ailleurs ce « raisonnement » très loin jusqu'à affirmer que nous pouvons dicter notre futur et annuler tous nos problèmes en comparant la loi de l'attraction à un photocopieur géant qui reproduirait nos idées à l'identique puis nous en ferait la livraison sous forme d'événements de notre vie. Nous pourrions ainsi annuler définitivement nos soucis et problèmes divers...

La pensée magique repose sur une **croyance illusoire, qui est en même temps un péché d'orgueil : croire que l'on peut tout contrôler**. D'où son effet pervers : s'il vous arrive quelque chose de négatif (et quelle existence ne rencontre pas quelque chose de négatif ?), c'est que vous aurez mal utilisé la loi de l'attraction – c'est donc votre faute. Double effet pénalisant : vous n'avez pas eu ce que vous vouliez et, en plus, vous récoltez de la culpabilité !

NE VOUS LAISSEZ PLUS PRENDRE AU PIÈGE DES BIAIS !

Pour peu qu'on lise des ouvrages sur la loi de l'attraction ou que l'on se promène sur Internet, notamment sur les réseaux sociaux, nous constatons qu'il existe globalement deux catégories :

- ceux qui essaient de donner une construction cohérente de cette pensée ;
- et ceux, souvent à tendance fortement ésotérique, qui y voient la clé magique de tout.

Comment les reconnaître ?

Plusieurs indices peuvent vous permettre de déceler les biais cognitifs à l'œuvre dans un discours :

- les informations confirmant les convictions de l'interlocuteur sont mémorisées de manière sélective ;
- leur véracité n'est pas vérifiée et elles sont plus souvent affirmées que rationnellement démontrées ;
- elles sont interprétées de manière biaisée, souvent par de fausses corrélations entre divers événements perçus et considérés à tort comme étant liés ou associés ;

- certains événements sont réinterprétés pour servir de preuves confirmant une hypothèse ;
- il y a ignorance, rejet ou dénigrement de la part de l'interlocuteur des informations contraires à ses convictions et, parallèlement, focalisation sur celles qui les confortent et les confirment ;
- la croyance initiale est maintenue même s'il a été démontré que ses arguments sont faux.

N'éliminons pas toutes les croyances (ce n'est pas parce qu'il y a foi ou interprétation que cela est forcément faux – c'est, à tout le moins, vrai pour votre interlocuteur, et s'il ne cherche pas à vous les imposer, vous lui devez de les respecter), mais **n'y adhérons pas non plus sans esprit critique**. Si la pensée demeure sélective, sans recherche de la vérité, si le débat est fermé, si l'argumentation ne supporte pas la critique, il y a de grandes chances pour que des biais cognitifs en tirent les ficelles !

Comment les éviter ?

Dans tous ces discours et dans toute cette littérature, il y a de quoi en perdre sa logique ! Voici quelques pistes pour ne plus vous laisser prendre au piège des biais de la loi de l'attraction :

- Si ce qui vous est proposé comme processus vous paraît trop « magique », **demandez des explications claires** (questionnez de nouveau si vous ne comprenez pas la réponse).
- Lorsqu'on vous parle de l'univers qui vous entend, demandez ce qui est désigné précisément par le mot « univers ». Là encore, réclamez une réponse claire et argumentée.
- Méfiez-vous des affirmations qui ne sont que des… affirmations et non des explications ! **Demandez des sources, des références, des documents, des faits précis**, bref tout ce qui permet à votre interlocuteur de confirmer ce qu'il avance.
- **Méfiez-vous aussi des généralisations vagues, non étayées de preuves** (*« je le vérifie tous les jours »*) : demandez du concret ! Attention également aux références floues (*« les Anciens le pratiquaient »*, « *ça existe depuis la nuit des temps* », etc.).
- **Méfiez-vous enfin des processus qui ne demandent aucun effort.** Sachez qu'aucune fée ne vous prêtera sa baguette magique ! Si c'était aussi simple, ça se saurait et nous serions probablement tous milliardaires.
- Si ce que l'on vous affirme est qualifié de « scientifique », demandez sur quoi cela est

fondé. Rappelez-vous ce que nous avons dit plus haut sur les lois et les théories (voir p. 24).

- Si l'on vous reproche votre scepticisme, votre mauvaise foi, votre esprit borné, votre manque d'ouverture, etc., eh bien fuyez ! Car ce n'est plus un dialogue pour échanger et partager chacun son point de vue, mais une **prise de pouvoir pour vous forcer à adhérer à une idée qui ne vous correspond peut-être pas.**

Fiez-vous à votre ressenti

Un dernier conseil pour finir, et non des moindres : utilisez votre intuition et votre intelligence à bon escient. **Si la forme et/ou le fond du discours ne laissent aucune place au débat et si vous ressentez un malaise, écoutez-vous.** En effet, quelqu'un qui vit bien la loi de l'attraction et qui l'applique autant avec le cœur qu'avec l'âme :

- le montre par ce qu'il vit : il a des projets concrets, se sent bien dans sa peau, agit en cohérence avec ses idées et a fait l'expérience de réussites tout autant que d'échecs ;
- ne cherche pas à vous rabaisser ou à vous prendre de haut parce que vous doutez, ni à vous culpabiliser ;
- ne fait pas de prosélytisme, ne cherche pas à vous faire adhérer à ses croyances coûte que

coûte, à vous imposer sa vision, mais répond tranquillement sur ce qu'il croit et ce qu'il vit, et vous laisse libre d'en être convaincu ou pas ;

- a l'honnêteté de reconnaître qu'il ne sait pas tout ou qu'il n'a pas réponse à tout ni de preuve pour tout ;
- ne cherchera pas à généraliser ses croyances, à les assimiler à des vérités absolues, reconnaîtra de lui-même qu'il s'agit là de sa propre vision des choses, que ses convictions n'appartiennent qu'à lui et que, loi de l'attraction ou pas, il a eu, en tout cas, le sentiment que cela avait un certain sens pour lui-même.

Chapitre 3

Un processus plus complexe qu'il n'y paraît

Maintenant que nous avons fait – ou plutôt : n'avons pas pu faire, étant donné l'étendue de notre ignorance – le tour de ce qu'est, pourrait être ou n'est pas la loi de l'attraction, penchons-nous sur son fonctionnement ; quand bien même il ne s'agirait « que » d'un processus de réussite (et ce n'est pas réducteur que d'affirmer cela !), autant affiner au mieux nos suppositions quant à son mode d'emploi histoire de mettre les meilleures chances de notre côté.

Le fonctionnement de la loi de l'attraction est très simple et se déroule en trois étapes, même si certains auteurs y ajoutent quelques points complémentaires. Voyons ces trois étapes telles qu'elles sont régulièrement présentées :

① Demandez – une demande claire, précise et positive.

② Croyez – croyez en ce que vous demandez et ce envers quoi vous adressez votre demande.

③ Recevez – imprégnez-vous d'ores et déjà de l'émotion que vous ressentirez lorsque vous aurez obtenu ce que vous voulez, comme si vous l'aviez déjà ; sachez accueillir la réponse à votre demande pour ce qu'elle est et soyez-en reconnaissant.

Reprenons cela plus en détail.

COMMENT DEMANDER ?

Il est un fait que l'on ne peut nier : **si nous ne demandons rien, nous ne recevrons rien !** Quelle que soit la personne ou l'entité de laquelle on attend quelque chose, il n'y a pas de jeu de devinettes. Mais si nous demandons, nous obtiendrons nécessairement une réponse : un oui, un non, une autre réponse, un silence (et c'est aussi une forme de réponse), etc. **Demander ne nous garantit pas que nous obtiendrons la réponse que nous attendons** – cela ne dépend pas de nous. En revanche, la part qui nous appartient, c'est de **savoir demander**.

La loi de l'attraction dit que, si on lui adresse une demande, l'univers nous répondra. Nous ne savons pas, au fond, ce qu'est réellement l'univers, alors appuyons-nous sur ce que nous connaissons et sur une expérience que nous renouvelons à peu près quotidiennement :

adresser une demande à quelqu'un. Lorsque nous nous adressons à une personne, certaines manières de faire fonctionnent et d'autres ne fonctionnent pas (c'est pourquoi on apprend très tôt la politesse aux enfants). Supposons donc, en toute logique, que nos demandes dans le cadre de la loi de l'attraction s'appuient sur le même modèle.

Une demande précise

Soyez donc attentif à votre façon de demander : il faut que ce soit **exprimé clairement et avec précision**. C'est valable avec tout interlocuteur dans la vie de tous les jours. Si, au restaurant, je demande au serveur : *« Pouvez-vous m'apporter de quoi assaisonner mon plat ? »* sans plus de précision sur ce que j'attends réellement, il pourra m'apporter, au choix : du sel, du poivre, de l'huile d'olive, de l'huile piquante, du vinaigre, ou bien il est probable qu'il ne m'apporte rien puisqu'il ne sait pas ce que je veux précisément. En revanche, si je lui demande : *« Pouvez-vous m'apporter du sel ? »*, le serveur m'apportera exactement ce que je demande : du sel.

Même si nous ne savons que peu de chose de l'univers et de son « fonctionnement », nous pouvons tout de même supposer que **nous**

aurons plus de chance d'obtenir ce que nous voulons si nous le demandons précisément.

Une demande positive

Dans la suite logique du précédent point, **si nous ne savons pas ce que nous voulons vraiment, nous allons plutôt demander ce que nous ne voulons pas ou plus** (qu'une situation difficile s'arrête, qu'on n'ait plus à travailler dans cette entreprise, etc.).

Reprenons l'exemple de notre serveur. Si vous lui dites : *« Je ne veux plus que mon steak soit fade »,* il ne saura pas quoi faire pour vous... Il vous demandera certainement de préciser votre demande : « *Voulez-vous du sel, du poivre, des épices ou bien que votre steak soit cuit différemment... ?* » Mais ses propositions ne vous conviendront peut-être pas, car il n'est pas dans votre tête et ne peut pas deviner à votre place ce que vous souhaitez réellement.

Il en est de même avec la loi de l'attraction : l'univers, lui, ne peut pas vous poser de questions en retour pour vous faire préciser votre demande. Peut-être obtiendrez-vous des « réponses », recevrez-vous des choses qui ne correspondent pas vraiment à ce que vous vouliez, comme le serveur hésitant qui vous fait les propositions qu'il peut sans avoir la garantie de vous apporter exactement ce que vous souhaitiez.

C'est un principe global à retenir dans votre vie. Ainsi, quand vous désirez rencontrer le grand amour, ne dites pas que vous ne voulez plus fréquenter de personne manipulatrice : comment savoir alors qui vous voulez réellement rencontrer ? Et comment savoir ensuite que vous l'aurez bel et bien rencontrée ? **Vous risquez, en plus, de vous focaliser davantage sur ce que vous redoutez que d'être attentif à ce que vous désirez**, ce qui ne va pas vraiment favoriser la rencontre de votre vie !

COMMENT CROIRE ?

Ensuite, d'après les partisans de la loi de l'attraction, il est nécessaire que vous ayez la foi. Si vous avez le moindre doute, c'est qu'une croyance négative s'est glissée quelque part et le processus ne fonctionnera pas. Il vous faut donc non seulement être **absolument persuadé que ce que vous désirez va arriver, mais également visualiser sa réception et en ressentir les émotions comme si vous l'aviez déjà.**

Nous l'avons vu plus haut (voir p. 57), c'est l'argument imparable : la loi de l'attraction fonctionnant nécessairement, si ce n'est pas le cas pour vous, c'est forcément parce que vous avez eu le malheur de douter de sa réalité.

Le seul effort que vous auriez donc à faire, dans le processus de la loi de l'attraction, serait seulement de croire, mais d'y croire très fortement, sans le moindre doute. Parfois, même, demander une preuve concrète est assimilé à du doute : désolé, c'est fichu pour vous, ça ne fonctionnera pas ! « Qui se ressemble s'assemble » : il suffirait donc de passer commande… et d'y croire avec force.

Cela étant dit, c'est tout de même un point intéressant à souligner : si vous allez à un entretien d'embauche en étant persuadé que vous allez échouer, vous diminuez d'autant vos chances d'être retenu. Si vous êtes convaincu que vous allez réussir, vous avez un atout de plus pour obtenir le succès espéré. Mais vous n'augmenterez réellement vos chances de succès que si vous vous êtes préparé à l'entretien, correspondez au profit demandé, avez une bonne expérience, présentez un CV soigné, etc. Vous savez cependant qu'**il existe toujours une part d'incertitude qui ne dépend pas de vous, et là peuvent influer positivement et la loi de l'attraction et le fait d'y croire avec force. « Influer », non garantir.**

COMMENT RECEVOIR ?

Patientez sans impatience !

La troisième étape, c'est la réception de la « commande ». Pas d'impatience, surtout ! Vous généreriez des vibrations négatives : s'il est vrai que nous créons effectivement notre réalité subjective par ce que nous pensons et ressentons (voir p. 165), vous prendriez alors le risque de ne rien recevoir du tout.

Que devriez-vous alors faire ou ne pas faire, selon les adeptes de la loi de l'attraction ? C'est très simple : **continuer à envoyer des vibrations positives, c'est-à-dire visualiser la réception de votre demande,** être heureux **comme si vous l'aviez déjà reçue, vous imprégner des émotions positives correspondantes** et, à un moment donné, l'univers vous livrera ce que vous avez demandé.

Ce processus de création est quand même intimement proche de la pensée magique (voir p. 58). Le seul effort à faire serait d'avoir la foi ; se retrousser les manches et engager un minimum d'effort n'est pas envisagé par beaucoup d'auteurs de la loi de l'attraction. Certains affirment que ça marche très bien ainsi... Là encore, que ceux qui veulent y croire continuent s'ils en trouvent satisfaction et rien ne nous permet d'affirmer que cela ne fonctionne pas. Mais assimiler ce processus à une vérité scientifique et universelle qui permettrait d'obtenir assurément le résultat attendu est redoutablement hasardeux. L'honnêteté intellectuelle et le respect d'autrui préconisent de garder cela pour soi et de ne pas le présenter comme une solution scientifiquement et universellement certaine ; le risque de créer de faux espoirs pour un résultat nul est beaucoup trop grand.

Mais en tant que processus de réussite (voir p. 15), **c'est une attitude bénéfique à adopter :** en visualisant positivement ce que je souhaite recevoir/vivre/accueillir, je me mets dans une disposition d'esprit et d'émotion positive pour le recevoir, le vivre, l'accueillir : anticipation joyeuse, bien-être, confiance en moi, motivation, etc. Je serai alors plus focalisé sur les opportunités qui peuvent aller dans ma direction et m'y mener plus vite. En somme, je m'offre le meilleur carburant qui soit pour arriver à bon port.

Faites preuve de gratitude

Si vous faites une demande à une personne et qu'elle vous donne ce que vous avez demandé, en toute logique, vous lui direz merci. Tout comme nous pouvons supposer qu'il est important de faire preuve de politesse dans nos demandes à l'univers, nous pouvons également supposer qu'il en est de même avec la gratitude.

Celle-ci présente plusieurs bénéfices :

- On envoie ainsi de bonnes énergies en maintenant un **cercle vertueux de vibrations fortes et positives.**
- **On prend conscience de ce que l'on reçoit** et de la satisfaction/du soulagement/du bonheur que l'on en ressent.
- On reste **connecté à ses émotions**, on parle avec le cœur, pas seulement avec la tête.
- **On multiplie les émotions positives ressenties** en en prenant pleinement conscience.

Si loi de l'attraction il y a, le positif attirant le positif, vous vous mettez ainsi dans de bonnes dispositions pour une prochaine demande ; s'il s'agit d'un processus de réussite, le positif attirant également le positif, vous vous mettez là encore dans de bonnes dispositions pour renforcer votre confiance en vous, accroître votre bien-être, consolider vos motivations à aller plus loin et à vous réaliser davantage. En somme, vous avez tout à y gagner !

Sommes-nous prêts à recevoir ?

Encore faut-il que je sois capable de recevoir... Quand nous faisons une demande à quelqu'un, il nous faut savoir entendre, accueillir et comprendre la réponse de l'autre, sans l'interpréter nous-mêmes, et ce n'est pas chose aisée – c'est ce qui explique les amitiés qui se défont, les disputes de couple, les débats stériles. Si je demande à mon compagnon/ma compagne : « *Est-ce que tu m'aimes ?* » et qu'il/elle me répond : « *Je t'aime énormément* », comment vais-je l'interpréter ? Peut-être pour ce que les mots disent effectivement (« *je t'aime et encore plus que ça* ») ou peut-être pour ce que je crois que les mots sous-entendent (« *je t'aime beaucoup, mais pas assez pour être capable de te dire "je t'aime" avec tout l'engagement que cela pourrait impliquer* »).

Il en est de même avec les réponses de l'univers. **Nous n'avons pas prise sur la réponse, mais il nous appartient, en revanche, de savoir l'écouter, la recevoir et la comprendre :**

- Suis-je prêt à entendre cette réponse, à l'accueillir, à accepter qu'elle ne soit pas telle que je l'attends ?
- Suis-je seulement suffisamment à l'écoute pour l'entendre ?

- Il arrive aussi que nous ne sachions pas la décrypter, soit parce qu'elle est trop subtile pour nous, soit parce que nous l'avons interprétée, positivement ou négativement, mais en tout cas différemment de ce qu'elle est. Bien souvent, d'ailleurs, ce n'est que (beaucoup) plus tard que nous comprenons la réponse !
- Peut-être encore l'univers a-t-il répondu exactement ce que je demandais, mais que je n'étais moi-même pas au clair avec ce que je demandais (je ne suis donc pas en capacité de reconnaître la réponse).
- Peut-être enfin a-t-il répondu la seule chose que j'étais en capacité de recevoir ou de vivre à ce moment-là.

« AIDE-TOI ET LE CIEL T'AIDERA » : DE L'IMPORTANCE D'ÊTRE PROACTIF

Le terme « proactif » s'applique à toute personne qui agit de manière responsable en prenant l'initiative d'une action, en décidant de prendre en main son destin. Être proactif, c'est donc **prendre l'initiative du chemin de son existence, assumer ses responsabilités quant à ce qui dépend de nous pour nous permettre de transformer positivement notre vie.**

Faire appel à la loi de l'attraction ne nous dispense pas d'agir !

« Aide-toi et le ciel t'aidera », adage que nous devons d'abord à Jean de La Fontaine avant d'être un proverbe, rappelle qu'**avant d'en appeler à l'univers pour exaucer nos vœux, il faut d'abord fournir les efforts nécessaires à leur réalisation**. Si je veux remporter une médaille aux Jeux olympiques, je peux formuler ma demande à l'univers mais, concrètement, je n'aurai de chances d'y parvenir qu'en m'y inscrivant et en m'entraînant dur. Si je veux rencontrer mon âme sœur, je peux formuler ma demande à l'univers mais, concrètement, je n'aurai de chances d'y parvenir qu'en me mettant effectivement au contact du monde.

Agir plutôt qu'attendre : nous avons beaucoup à y gagner

Cette manière de procéder présente trois avantages :

- **Elle nous rend acteurs.** Nous ne sommes pas dans la passivité ou la plainte ; nous agissons et tentons tout ce qui est *en notre pouvoir* (et ce point est important) pour concrétiser nos souhaits. Nous ne devons pas faire dépendre tous nos succès de la loi de l'attraction seule, au risque d'en ressortir déçu et frustré.

- **Elle nous permet d'être clairs quant à notre demande.** Comme nous consacrons de l'énergie à concrétiser notre désir, nous savons bien plus précisément ce que nous ne voulons pas et ce que nous voulons, parce que c'est un projet auquel nous avons réfléchi de manière proactive plutôt que de l'avoir passivement remis entre les mains de l'univers sans nous pencher sérieusement dessus.
- **Elle nous fournit un surcroît de confiance, de motivation, de force, de courage, de résilience, d'énergie.** C'est quelque chose que nous avons tous expérimenté : lorsque nous sommes fatigués, nous nous reposons et ne faisons rien. Mais moins nous en faisons, plus nous sommes fatigués et attendons passivement que l'énergie revienne. Or, pour qu'une pompe fonctionne, il faut d'abord l'amorcer, c'est-à-dire lui fournir précisément ce que nous cherchons à obtenir d'elle. Si nous décidons tout de même de nous lever et de nous activer, alors, petit à petit, nous retrouvons la forme. Il en est de même avec la loi de l'attraction : le positif attire le positif ! En mettant en œuvre par vos propres moyens votre projet, votre souhait, vos rêves, même si

vous n'y parvenez pas, vous saurez que vous avez tout tenté. Vous serez fier, n'aurez pas de regrets, ne ressasserez pas le passé, ne vous accablerez pas de culpabilité. Vous vous sentirez plus fort, plus motivé pour tenter autre chose ou réaliser un autre rêve. Vous aurez plus confiance, aurez moins peur de l'échec, moins peur d'un nouvel essai. Vous aurez expérimenté des choses, aurez acquis de l'expérience, aurez grandi. Attendre, c'est toujours rester immobile ; agir, même en échouant, c'est toujours avancer.

En étant proactif plutôt qu'en attendant une réponse à notre demande, il y a un acte de confiance mais – et la différence est notable –, au lieu de nous plaindre de notre situation sans lever le petit doigt pour qu'elle change, nous décidons de faire notre part des choses. Le ciel vient ensuite, éventuellement, pour faire le reste qui ne dépend pas de nous. **Une fois les efforts accomplis, nous pouvons alors nous en remettre à l'univers. Ce faisant, nous sommes co-acteurs de la réalisation.**

Agir plutôt qu'attendre une réponse qui peut ne pas venir

En aucun cas la demande à l'univers n'implique que nos vœux soient systématiquement

exaucés. Ce serait assimiler la loi de l'attraction à la baguette magique des bonnes fées dans les contes ; l'automaticité n'existe pas (d'où le problème d'appeler cela une « loi », comme nous l'avons vu dans le chapitre 1, p. 21). Ce serait confondre l'univers avec la lampe d'Aladin qu'il suffirait de frotter pour qu'apparaisse aussitôt un génie prêt à exaucer le moindre de nos souhaits. Si c'était vrai, la face du monde en serait considérablement modifiée !

CE QU'OFFRE LA LOI DE L'ATTRACTION, POUR RÉSUMER

À ce stade, nous pouvons nous demander : qu'est-ce que la loi de l'attraction et à quoi sert-elle, si je ne suis pas sûr de son existence et si je dois fournir autant d'efforts par moi-même ?

Nous avons vu :

- que ce n'est pas une pensée magique qui vous permet d'obtenir tout ce que vous demandez ;
- qu'il faut se méfier des distorsions de la réalité ;
- que les termes doivent être définis précisément pour savoir de quoi il retourne ;
- que le mot « loi » est à entendre plutôt comme un processus de réussite, qui parfois fonctionne et parfois ne fonctionne pas ou pas comme nous le voudrions.

À RETENIR

Définissons plutôt la loi de l'attraction ainsi :

› C'est un processus de changement qui se fait peu à peu, et qui peut devenir un processus de réussite à mettre en œuvre dans tous les aspects de votre vie.

› Vous initialisez ce processus avec vos pensées, d'où la nécessité d'une pensée positive correctement orientée vers votre objectif.

› Cette pensée est un élément parmi d'autres. Elle facilite (et non détermine impérativement) votre réussite, à condition de vous mettre en action.

› Votre réussite peut se faire totalement, davantage, partiellement ou pas du tout – en gardant à l'esprit qu'un échec n'est pas à voir en tant que tel, mais plutôt comme un « essai », qui n'a peut-être pas abouti au résultat espéré, mais qui a abouti à un certain résultat dont nous pouvons apprendre beaucoup, en temps voulu.

› Ce sur quoi vous pouvez agir est avant tout ce qui dépend de vous.

› Quand vous réussissez, vous pouvez en attribuer le mérite à vous-même, ou bien à votre entourage, ou encore à l'univers, à Dieu ou à l'entité qui vous convient. C'est votre choix personnel, ce n'est pas une vérité objective et universelle ; c'est *votre* réalité, et l'essentiel est qu'elle vous convienne à vous.

Ainsi résumée, la loi de l'attraction est évidemment bien éloignée de ce que nous pouvons en lire parfois – une définition qui prend le risque de faire hurler certains puristes. Elle nous offre cependant plusieurs bénéfices non négligeables :

- Elle est concrète et accessible.
- Elle nous évite le risque de promesses de rêves irréalisables et/ou irréalistes.
- Elle nous incite à formuler un objectif clair correspondant à ce dont nous avons besoin.
- Elle prend en compte qui nous sommes et ce dont nous disposons au moment où nous entrons en action.
- Elle nous rend actifs au lieu d'attendre que tout arrive, et nous libère donc de la frustration et du regret.
- Elle nous responsabilise sur nos réussites et sur nos échecs au lieu d'attribuer les premières à une cause extérieure ou de se culpabiliser inutilement si nous échouons.

En un mot, elle nous rend adultes en nous invitant à être pleinement acteurs **de la vie que nous désirons**.

Certes, cela demande des efforts, mais c'est un processus réaliste. Croire que tout peut s'obtenir par une simple demande à l'univers est illusion. La loi de l'attraction telle que nous vous la proposons est différente, mais elle n'en conserve pas moins le même credo : **nous pouvons accomplir ce en quoi nous croyons.**

2

QU'EST-CE QUE JE VEUX VRAIMENT ?

Vous avez un désir cher, un projet qui vous tient à cœur, un souhait de changement et vous voulez qu'il se concrétise. Pour cela, vous placez tous vos espoirs dans la loi de l'attraction et, comme il « convient » de faire afin de la mettre en route, vous verbalisez votre demande.

Mais au fait... êtes-vous vraiment certain de savoir ce que vous voulez ? Comment être sûr de demander et d'agir dans la bonne direction si vous ne savez pas précisément quelle est votre destination finale ?

Un petit point s'impose donc !

Chapitre 1

Ne plus vouloir ce qui est ou vouloir du nouveau ?

Avant de définir clairement votre objectif, il est important de savoir ce que voulez précisément, et notamment si vous *ne voulez plus* quelque chose ou si vous *voulez* quelque chose de nouveau – deux approches qui ne sont pas si diamétralement opposées qu'elles le donnent à penser de prime abord.

QUE SOUHAITEZ-VOUS RÉELLEMENT ?

Première étape dans la loi de l'attraction : être clair sur sa demande et la formuler positivement (voir p. 72). Mais pourquoi formuler une demande ? Parce que nous avons un besoin qui n'est pas satisfait. Nous voulons donc obtenir ou réaliser quelque chose pour le satisfaire. Alors nous le demandons, le recherchons en supposant que, lorsque nous l'aurons, nous serons mieux, plus épanouis, plus heureux ou... moins inquiets. C'est possible, **à condition que nous sachions précisément ce que**

nous recherchons et les motivations qui nous poussent à le rechercher.

Un grand nombre d'ouvrages sur la loi de l'attraction, probablement parce qu'ils ont été écrits par des Américains n'ayant pas le même rapport à l'argent que nous, mentionnent en premier lieu le fait de devenir riche, d'avoir une belle voiture, une belle maison et de vivre en millionnaire. Pourquoi pas, si cela correspond réellement et profondément à ce que vous voulez et que vous avez pris le temps d'y réfléchir.

Mais interrogez-vous : si vous visez le bonheur, est-ce qu'un yacht de luxe, une maison de 600 m² ou une voiture très chère vous permettront d'être heureux, pas seulement à l'instant où vous les obtiendrez mais durablement ? **Il ne s'agit pas de manquer d'ambition, mais de savoir ce que vous, vous estimez juste pour être heureux.** Charge donc à chacun d'évaluer pour lui-même ce dont il a envie et/ou besoin, et dans quelle mesure.

Votre bonheur n'est pas uniquement lié à votre réussite financière. Ce peut être l'envie de satisfaire un besoin de tranquillité, d'amour, de lieu de vie, de loisirs, de réussite professionnelle, d'inspiration, de création, de réalisation personnelle, d'élévation spirituelle, etc. La richesse peut, par exemple, se définir en termes de relations avec les autres : rencontrer la personne de vos rêves, être entouré d'une bande de joyeux copains, privilégier des amis intimes ou encore fonder une famille soudée. Chacun a son propre domaine et degré de satisfaction.

De quoi ai-je vraiment besoin et/ou envie ?

Voici un petit exercice d'introspection, première étape pour faire le point sur ce que vous souhaitez concrétiser afin de savoir ce que vous aimez ou pas, ce dont vous avez personnellement besoin, ce qui rendrait votre vie meilleure. Répondez aux questions ci-après, d'abord de manière spontanée (ce qui vous vient immédiatement à l'esprit), puis par écrit, en prenant le temps d'y réfléchir durant quelques minutes. Incluez-y tout ce qui vous semble important : matériel, valeurs, vie personnelle, relations, finances, lieux de vie, style de vie, vie professionnelle, spiritualité, épanouissement personnel, etc. Pour commencer, supprimez toutes les limites et autorisez-vous à rêver le plus loin que vous le permet votre imagination – n'hésitez pas à détailler précisément vos souhaits :

› **Une fée exauce mon vœu et me donne ce que je souhaite en quantité illimitée pour rendre ma vie parfaite à chaque instant : qu'est-ce que ce serait ? Qu'est-ce que cela m'apporterait ?**

Maintenant, reprenez les rêves et souhaits que vous venez de formuler, et classez-les selon les trois catégories suivantes :

› **Qu'est-ce qui relève de l'indispensable pour moi ?** *(Ce que je refuse d'abandonner ou de ne pas avoir.)*

› **Qu'est-ce qui relève du superflu pour moi ?** *(Ce que j'apprécie d'avoir, mais qui n'est pas du tout indispensable et dont je peux tout à fait me passer.)*

Vous savez désormais quels sont les projets ou désirs que vous souhaitez concrétiser en priorité. Cela ne signifie pas non plus que vos rêves « superflus » sont à dénigrer ou à minimiser, mais vous avez maintenant conscience de ceux qui vous importent le plus et que vous souhaitez concrétiser en priorité. Cet exercice va vous permettre de concentrer votre énergie, votre motivation, vos efforts et votre demande dans une direction spécifique, plutôt que de les disperser sans leur donner de réelles chances d'attirer ce que vous voulez vraiment.

À RETENIR

Plus nous sommes au clair avec ce qui nous manque absolument et ce qui nous manque moins, ce dont nous avons vraiment besoin et ce dont nous pouvons nous passer, plus notre mise en œuvre ainsi que notre demande seront précises, et plus nous serons en capacité de recevoir ce que nous aurons attiré.

VOULOIR ET NE PLUS VOULOIR : DES MOTIVATIONS DIFFÉRENTES, MAIS COMPLÉMENTAIRES

Pour définir plus clairement encore votre objectif, vous mettre en mouvement de manière positive et faire une demande qui corresponde pleinement à ce que vous attendez, il convient également de **préciser votre motivation, à savoir si vous avez « envie de »** ou **bien si vous « ne voulez plus de... »**. La PNL* appelle cela « aller vers » ou « s'éloigner de ». L'intensité d'engagement est différente, mais les deux approches sont utiles et même complémentaires :

- **Si vous voulez vous éloigner d'une situation**, par exemple d'un emploi qui ne vous plaît plus ou devenu insupportable, vous trouverez certainement l'énergie suffisante pour partir et vous serez alors soulagé. Cela est efficace à court terme et a comme mérite principal de vous faire démarrer. Le problème apparaît plus tard, une fois que vous êtes en chemin et que la situation pénible s'éloigne : **l'élément moteur tend à perdre de sa puissance**. Et aussitôt surgit une inquiétude :

* Programmation neuro-linguistique, une méthode de développement personnel visant à améliorer la communication entre les individus et à s'épanouir personnellement en intégrant les apports de différentes théories.

« Et maintenant, je fais quoi ? » La difficulté, c'est le devenir de ce que vous avez initié en réaction *contre* quelque chose plutôt que *par désir* de quelque chose d'autre.

- À l'inverse, **si vous désirez une situation nouvelle**, par exemple si vous êtes en poste mais désirez un emploi correspondant à vos aspirations, vous allez en rêver, déterminer ce que vous voudriez, échafauder des plans, etc., mais... vous risquez de continuer à rêver parce que votre emploi actuel n'est pas si terrible que ça. Cela se constate régulièrement chez ceux qui se plaignent de leur travail et souhaitent se reconvertir sans jamais le faire, en invoquant diverses craintes : pas assez de compétences, problèmes de l'âge, risques du marché de l'emploi, difficultés à se « recaser », etc. **En fait, il manque le « starter » que représente le « s'éloigner de » et qui permet de donner la première impulsion.**

POURQUOI EST-CE SI DIFFICILE DE CHANGER SES HABITUDES ?

C'est la même démarche lorsque vous voulez rompre une habitude. Cela ne peut pas se faire par le biais d'une simple stratégie de court terme

→

car, pour conserver un degré de motivation, il faudrait opérer un constant rappel à l'ordre. Par exemple, vous allez vous dire régulièrement qu'il vous faut faire du sport, manger équilibré, arrêter de fumer, etc. Procéder ainsi n'est ni très bénéfique, ni très agréable, car vous réactivez constamment des sentiments de crainte, de culpabilité, de peur. Vous allez ainsi fonctionner par petits changements, sans réelle satisfaction, jusqu'à ce que vous décidiez de ne plus changer lorsque vous jugerez que le capital énergie nécessaire est trop important. Avec cette méthode, tout est axé sur une « nécessité » qui vous est imposée ou que vous vous imposez (« il faut que... »), et non sur une réelle envie dictée par le plaisir ou le souhait. Or, nous finissons presque toujours par nous opposer aux changements qui nous sont imposés. Dans cette envie faiblarde, il y manque le sens, le pourquoi. Il faut un vrai pourquoi qui vous fasse vibrer, qui vous montre de réels bénéfices pour vous.

Mettez alors en place une seconde stratégie, celle du « aller vers ». Ce qui est voulu n'est plus seulement de quitter la situation qui ne vous plaît plus ou le problème que vous voulez éviter, mais de vous diriger vers une situation qui vous apparaît autrement plus agréable et bénéfique ou de remplacer le problème par une solution qui vous enchante.

Outre augmenter la distance entre vous et ce qui vous déplaît, vous diminuez la distance entre vous et ce qui vous attire. Le souci, c'est de trouver le « déclencheur » : la vision à (très) long terme de ce qui vous plaît peut être insuffisante à motiver une modification de vos habitudes présentes. C'est ce que connaissent les procrastinateurs : on en a envie, oui, à tel point qu'on en rêve... mais on ne fait qu'en rêver.

Voyons plus en détail tout ce qui distingue le « s'éloigner de » du « aller vers » :

	« s'éloigner de... »	« aller vers... »
Intention/ motivation	Évitement : ne plus avoir, se séparer, arrêter, abandonner, se débarrasser de.	Recherche : avoir, réussir, atteindre, concevoir, créer, concrétiser.
Objectif	Quitter ce qui est.	Obtenir ce qui n'est pas encore.
Focalisation	Sur ce qui ne va pas ou pourrait ne pas aller.	Sur une réalisation future qui améliorera la situation.
Bénéfice	Être mieux en fuyant la situation actuelle.	Être mieux en concrétisant un projet.

→

	« s'éloigner de... »	« aller vers... »
Manque	Un projet précis sur le long terme pour maintenir sa motivation et savoir vers quoi se diriger.	Un élément déclencheur dans l'immédiat pour trouver motivation et énergie afin de se mettre en mouvement.
Risque	Difficulté à rester dans l'action.	Difficulté à se mettre en action.
Accélérateur	Une situation actuelle devenue insupportable.	Une situation future qui enthousiasme.
Métaphore	Un dragster : part vite, mais ne tient pas la distance.	Un diesel : lent à atteindre la bonne vitesse, mais continue ensuite sa route sur la durée.

À l'instant où vous souhaitez un changement, posez-vous donc la question : êtes-vous motivé par ce que vous allez obtenir en plus ou bien par ce que vous allez éviter, donc en moins ?

À NOTER

Selon les périodes de votre vie et les contextes, vous avez pu parfois avoir envie de l'un ou de l'autre, mais il est rare que l'on soit toujours tout l'un ou tout l'autre, même si nous avons un mode privilégié de fonctionnement. Il semblerait, d'après certaines études, que 2 personnes sur 5 soient en recherche et 2 sur 5 en évitement.

Le solde, soit 1 personne sur 5, agirait avec un mélange des deux types de motivation, et c'est cet équilibre qu'il vous faut rechercher.

Quelques exemples pour mieux comprendre :

Situations	Aller vers	S'éloigner de
Désirer une voiture de luxe	Vous aimez le prestige.	Vous n'aimez pas l'inconfort.
Vivre à la campagne	Vous aimez le charme de la nature.	Vous ne supportez pas (ou plus) le bruit de la ville.
Travailler dans l'entreprise X	Vous voulez obtenir le salaire auquel vous aspirez.	Vous ne supportez plus l'ambiance de votre entreprise actuelle.
Rencontrer la personne de vos rêves	Vous voulez fonder une famille.	La solitude vous pèse trop.

Vous pouvez constater que la formulation de la motivation n'est pas la même : positif ou négatif, action ou réaction. Il y a nécessairement un peu des deux, mais vous avez compris que l'un doit prédominer, celui qui vous poussera en avant sur le long terme : le « aller vers ».

À RETENIR

Chercher la direction de votre motivation, c'est vous demander, au moment de faire votre choix, si vous le faites : →

> › en fonction des qualités et avantages que vous souhaitez (re)trouver ;
> › ou bien en fonction des défauts et inconvénients que vous ne souhaitez pas ou plus subir.

Mieux vaut compléter l'objectif d'évitement par un objectif de direction et, par conséquent, renverser les propositions pour les mettre au positif. Si vous ne voulez plus faire quelque chose, c'est que forcément vous voulez faire quelque chose d'autre. Le « je ne veux plus vivre en ville » peut devenir « je veux vivre à la campagne », ou bien « je ne dois pas faire ceci » devient « je *veux faire cela* ».

Déterminez votre part de « s'éloigner de » et de « aller vers »

Vous allez maintenant faire le point sur les motivations qui sous-tendent votre ou vos souhaits.
Reprenez les principaux projets, désirs, besoins que vous avez listés dans l'exercice *« De quoi ai-je vraiment besoin et/ou envie ? »* *(voir p. 92)* **et classez-les dans le tableau ci-après selon qu'ils correspondent à un évitement (« s'éloigner de ») ou à une recherche (« aller vers »).**
Puis, déterminez pour chacun la motivation complémentaire qui lui correspond :
› *pour ceux qui relèvent de l'évitement, demandez-vous vers quoi vous voudrez aller une fois que vous aurez quitté la situation initiale ;*

› *pour ceux qui relèvent de la recherche, demandez-vous ce que vous voulez quitter qui ne vous convient plus dans la situation actuelle.*

N'oubliez pas : pour que vous soyez suffisamment motivé à changer, il faut que la proportion de « aller vers » soit plus importante et enthousiasmante que la proportion de « s'éloigner de ».

Mes souhaits « s'éloigner de »	Ma motivation complémentaire « aller vers »

Mes souhaits « aller vers »	Ma motivation complémentaire « s'éloigner de »

Vous savez maintenant quels sont vos désirs, quels sont ceux que vous souhaitez concrétiser en priorité et dans quel but vous souhaitez les concrétiser.

Chapitre 2

Pourquoi est-ce que je le veux ?

Vous avez défini ce dont vous aviez besoin, ce que vous vouliez vraiment obtenir ou réaliser, et c'est un premier pas important car il s'agit de votre destination. Vous avez déterminé dans quelle mesure vous vouliez « vous éloigner de » (pour démarrer le moteur) et « aller vers » (ce qui maintiendra votre vitesse de croisière). Mais pas de voyage possible sans énergie (le carburant) !

C'est donc sur quoi vous devez vous pencher maintenant, avant de commencer votre cheminement : quelle est votre intention, celle que vous ne perdrez pas de vue et qui vous fournira l'énergie nécessaire pour réaliser vos rêves et vos objectifs ?

L'INTENTION, UN ÉLÉMENT MOTEUR

Qu'est-ce que l'intention ?

Qu'est-ce que l'intention ? C'est une disposition d'esprit, une action de la volonté avec laquelle nous formulons une demande et fixons un objectif, un but. **Comme une pensée focalisée, elle détermine notre motivation à agir.** Ce n'est pas une pensée vague ou un désir fugitif. L'intention nécessite de l'attention : c'est cela qui peut donner à votre pensée son pouvoir créateur.

En quelque sorte, l'intention correspond au « pourquoi ». Pourquoi ferez-vous spécifiquement telle chose et pas telle autre ? Qu'est-ce que vous en attendez ? Qu'est-ce que cela vous apportera qui explique pourquoi vous avez cette intention-là ?

Votre intention vaut pour tout ce que vous entreprenez, petits et grands projets :

- Ce peut être pour un objectif précis et à court ou moyen terme : trouver une nouvelle maison, changer de fonction ou d'entreprise, rencontrer son âme sœur, faire un voyage ou réaliser un rêve qui vous tient à cœur, etc.
- Ce peut être également bien plus vaste, comme changer votre vie et/ou votre façon de vivre : plus écologique, plus intellectuelle, plus humaine, plus en harmonie avec vos valeurs essentielles, plus spirituelle, plus rayonnante, etc.

Pour vivre la vie que vous voulez vivre, il importe non seulement de savoir ce que vous voulez vivre et ce que vous ne voulez plus vivre comme abordé dans le chapitre précédent, **mais également l'intention qui vous pousse à demander cela et à vous engager en ce sens.**

L'INTENTION NE NOUS DISPENSE PAS DE L'ÉMOTION

Nous sommes également des êtres d'émotions. Vouloir quelque chose avec sa tête ne suffit pas : vous devez également faire « descendre » cette pensée au niveau du cœur.

Dit autrement, quand vous désirez très fortement quelque chose :

- Comment la sentez-vous ?
- Et comment vous sentez-vous ?

Êtes-vous juste rassuré, content, satisfait, ou y a-t-il quelque chose de plus qui vibre ? Quelque chose qui vous ferait dire avec un immense sourire « Wahou ! Génial ! » ? Quelque chose, en somme, qui justifie la dose d'énergie et d'action que vous allez engager pour la concrétisation de votre projet.

Cherchez bien l'émotion prédominante : elle va servir de levier pour démarrer et sera d'un grand secours si, en cours de route, vous éprouvez une difficulté ou un doute.

Pourquoi est-il nécessaire de déterminer son intention ?

Comprendre son intention, c'est **se demander « pourquoi je fais cela »** ; cette interrogation est essentielle, car le « parce que » qui en résulte :

- vous donne votre ou vos raison(s) ;
- explique pourquoi vous faites tel choix et pas tel autre ;
- répond à vos besoins et à vos aspirations ;
- éclaircit votre décision, et donc vos axes de recherche ;
- vous oriente vers vos désirs et élimine ce qui ne vous convient pas réellement.

Vous ne pouvez vouloir – et avoir des chances d'obtenir – que ce que vous désirez clairement, profondément et en conscience, et donc qui vous correspond.

Votre intention marque donc une direction de votre intelligence et, plus encore, de votre volonté pour atteindre quelque chose que vous avez défini. Dès lors que vous avez identifié votre but, votre projet, ainsi que les connaissances, comportements et compétences nécessaires pour le réaliser (nous l'aborderons plus loin), vous allez mettre en œuvre toutes ces capacités pour arriver à vos fins. **Mais votre**

meilleure source de motivation, c'est votre passion, le désir ardent d'éprouver la joie que vous pressentez. C'est la source d'énergie qui vous servira de carburant dans votre cheminement.

En sachant précisément ce que l'on veut et pourquoi on le veut, on s'engage naturellement vers ce qui nous permettra de le réaliser. Si l'on sait dans quelle direction on veut aller, on a de meilleures chances d'aller effectivement dans cette direction.

UN POURQUOI QUI DOIT VENIR DE VOUS

Pourquoi avez-vous tel objectif ? Votre « pourquoi » doit venir de vous, de ce qui vous fait vibrer. S'il vient d'ailleurs (pression sociale ou familiale, demande d'un ami, attentes de votre compagnon ou compagne, etc.), ce n'est pas votre envie à vous mais celle de quelqu'un autre. Vous vous déterminez dans l'obéissance ou la contrainte, et cela impacte négativement votre degré de motivation.

En revanche, quand ça vient de vous seul, c'est différent : votre « pourquoi » vous appartient et vous le sentez « vivre » en vous. Vous trouverez alors les moyens justes pour l'accomplir.

NE VOUS FOCALISEZ PAS SUR LES MOYENS

Beaucoup de personnes se frustrent dans leur vie en se focalisant d'abord sur les moyens. Elles l'expriment toujours en négatif : *« Je n'ai pas le temps », « Je n'ai pas assez d'argent », « Je n'ai pas les compétences nécessaires », « Je ne connais personne »,* etc. Bref, il y a toujours quelque chose qui manque et l'importance accordée à ce manque le transforme en obstacle empêchant toute réalisation. Ou bien c'est remis à plus tard, sans date fixe mais soumis à condition : *« Je le ferai quand j'aurai/quand je serai...* » et, dans 99 % des cas, ça ne se fera jamais. S'arrêter au comment en oubliant le pourquoi, c'est s'attacher à la forme (que l'on peut toujours adapter) et négliger le fond (qui, lui, est essentiel).

Si vous formulez une demande à laquelle vous tenez profondément, vous permettez son obtention. **Si vous estimez qu'elle n'est pas possible, vous vous programmez à ne rien avoir.** En vous concentrant d'entrée de jeu sur les moyens, et plus précisément sur le manque de moyens, vous vous assurez de ne pas réussir.

IL Y AURA TOUJOURS UNE SOLUTION !

On trouve toujours le moyen de réaliser quelque chose. Ce n'est jamais qu'une question de temps, ou d'argent, ou de connaissances, ou de force, ou de soutien, etc. En somme, des choses que nous pouvons toujours trouver ou obtenir d'une manière ou d'une autre, soit en piochant dans nos propres ressources, soit en demandant autour de nous.

En revanche, personne ne pourra vous donner votre intention à votre place. Si vous n'avez pas réellement l'intention de concrétiser votre projet, si vous n'avez pas de vraies raisons qui n'appartiennent qu'à vous et vous poussent en avant, les moyens manqueront tout simplement parce que vous n'aurez ni l'envie, ni l'énergie de les chercher. Focalisez-vous donc d'abord sur votre « pourquoi » ; les moyens viennent après.

La loi de l'attraction, c'est aussi cela : **donnez-vous d'abord la possibilité de vouloir ce que vous désirez avec votre tête et avec votre cœur.** C'est ainsi que vous trouverez les moyens de l'obtenir, de le demander et de le recevoir.

ACTIVEZ VOTRE INTENTION !

Votre intention a un pouvoir puissant si vous la déterminez précisément et l'activez. C'est elle qui manifestera l'attraction de ce que vous désirez. Comment l'activer ? En définissant précisément ce que vous désirez : où voulez-vous aller et que voulez-vous obtenir ?

Quelle est la vie dont je rêve ?

Activez votre intention en prenant le temps nécessaire de répondre par écrit aux questions suivantes. N'hésitez pas à y apporter de nombreux détails, à dépeindre pleinement ce dont vous rêvez, à vous en imprégner.

Pour chaque question, listez également les raisons qui vous poussent à désirer cela et décrivez ce que la concrétisation de ce rêve vous apporterait.

› *Quelle vie ai-je envie de vivre sur le plan matériel ?*

› *Quelle vie ai-je envie de vivre sur le plan financier ?*

› *Quelle vie ai-je envie de vivre sur le plan professionnel ?*

› *Quelle vie ai-je envie de vivre sur le plan affectif/amoureux ?*

› *Quelle vie ai-je envie de vivre sur le plan familial ?*

› *Quelle vie ai-je envie de vivre sur le plan relationnel/social ?*
› *Quelle vie ai-je envie de vivre sur le plan spirituel ?*
› *Autre :*..

Parmi tout ce que vous désirez, quel que soit le domaine retenu, demandez-vous à présent :
› *Qu'aimerais-je profondément accomplir ?*
› *De quoi voudrais-je être fier dans ma vie ?*
› *Quelles sont les émotions que je ressens à l'idée de concrétiser ce que je veux ?*
› *Parmi ces émotions, quelle est la principale, celle qui me fait le plus vibrer ?*

Vous savez à présent ce vers quoi, aujourd'hui, vous avez envie d'avancer, et pourquoi vous désirez vous diriger vers cet objectif.

À RETENIR

Je définis mon objectif :

« Je veux .... parce que .... et j'aurai »

Vous avez déterminé votre objectif et l'intention qui va vous engager et vous maintenir dans sa direction. Nous l'affinerons davantage dans la suite de l'ouvrage mais, d'ores et déjà, vous êtes en train d'attirer ce que vous désirez et de créer la vie que vous voulez.

Chapitre 3

Ce que je veux est-il réalisable ?

Savoir ce que l'on veut, c'est déjà une très bonne chose, mais savoir si ce que l'on veut est effectivement réalisable ou pas, voilà un pas de plus, essentiel, vers la concrétisation de vos rêves et de vos projets. Mettez toutes les chances de votre côté en orientant votre demande et en concentrant vos efforts sur un projet qui soit *réellement* réalisable !

CELA DÉPEND-IL DE MOI OU PAS ?

Quand vous désirez quelque chose, est-ce que l'objectif que vous vous êtes fixé dépend de vous... ou pas ? Si cela dépend de vous, il vous appartient de le structurer, puis de vous mettre en action pour le réaliser. Dans le second cas, aussi fort que soit votre désir, vous risquez de ne rien obtenir, car ce que vous voulez dépend d'un élément (personnes ou événements) extérieur. Or, **croire que nous pouvons contrôler ce qui ne dépend pas de nous est une illusion** (voir p. 58). Illusion tenace, mais illusion tout de même !

Un exemple simple : vous pouvez décider où et quand vous passerez vos vacances, mais vous n'avez pas de pouvoir sur le temps qu'il fera. Malgré vos demandes à l'univers, s'il pleut... eh bien il pleut ! Cela signifie que, **quelle que soit votre volonté, votre intention, vous ne pouvez pas décider de tout et vous n'avez pas le contrôle de tout.**

La loi de l'attraction ne peut pas tout

C'est l'un des dangers de la loi de l'attraction : croire qu'avec elle, tout est possible. Beaucoup de choses sont possibles, mais pas tout. Il y a des avantages, certes, mais aussi des inconvénients fâcheux :

- La **tromperie**, c'est de faire croire que l'univers favorise les événements positifs ou évite les événements négatifs.
- Le **bénéfice**, c'est de diminuer l'inquiétude que nous avons face à des événements non contrôlables.
- L'**avantage**, c'est d'augmenter dans une certaine mesure les possibilités d'obtenir ce que nous voulons.
- L'**inconvénient**, c'est l'absence de garantie.
- Le **danger**, c'est la déception ou la prise de risque inconsidérée.

À RETENIR

Vous ne pouvez pas contrôler l'incontrôlable ni commander le hasard – c'est une illusion.

Mais vous avez prise sur ce qui dépend de vous – c'est une réalité et c'est ce qui fait toute votre force : votre intention, vos ressources, votre énergie, vos capacités, vos moyens.

DONNEZ-VOUS TOUTES LES CHANCES DE RÉUSSIR AVEC UN OBJECTIF SMART !

Le SMART est couramment utilisé en entreprise, mais souvent délaissé ou insuffisamment explicité dans d'autres domaines. Et pourtant, ses avantages devraient en faire une clé essentielle de la loi de l'attraction !

Cet acronyme désigne une **technique permettant de fixer des objectifs efficaces, clairs et atteignables**, tant professionnels que personnels.

- **Exemple 1 :**
  - Résolution vague : « *Je passerai plus de temps avec mes enfants.* »
  - Objectif SMART : « *Je lirai une histoire à mes enfants au moins 3 soirs par semaine.* »

- **Exemple 2 :**
  - Résolution vague : « *Je vais vendre des produits bio.* »
  - Objectif SMART : « *Dans six mois, je produirai et vendrai 30 kg de légumes bio par semaine à Montpellier.* »

À RETENIR

On parle d'objectif « SMART » pour :

- S comme Spécifique ;
- M comme Mesurable ;
- A comme Acceptable ;
- R comme Réaliste ;
- T comme Temporel.

Analysons ces caractéristiques en détail afin de passer votre projet au crible du SMART.

S comme Spécifique

Pour être atteignable, votre objectif doit être spécifique, c'est-à-dire **concret et intelligible**, et **formulé avec simplicité**.

Mettez-le par écrit (vous gagnerez en concision et en clarté) puis présentez-le à un ami. Votre objectif est-il clair pour lui ? Si vous évoquez un tour du monde et qu'il comprend que vous voulez aller sur la Lune, alors tout est à revoir !

Si l'essentiel a été saisi mais qu'il vous est nécessaire de fournir une multitude d'explications, c'est que votre énoncé manque de précision.

LE CONSEIL EN +

Demandez à votre ami de résumer ce qu'il a entendu et compris de votre projet. Prenez-le comme un miroir et comme indice de votre clarté d'exposé : êtes-vous intelligible pour lui, et donc pour vous ?

Si vous n'arrivez pas à expliquer votre objectif à quelqu'un en quelques mots simples et compréhensibles, il est probable que ce ne soit pas clair pour vous non plus.

C'est l'exacte application de ce que préconise la loi de l'attraction lorsqu'on formule sa demande (voir p. 71) : il est essentiel d'être précis, d'abandonner les détails inutiles, tout ce qui est superflu et encombrant, et d'aller droit au but en répondant seulement à la question : « En quelques mots intelligibles, de quoi s'agit-il précisément ? »

QUELQUES EXEMPLES DE DEMANDES NON SPÉCIFIQUES

« Je veux diriger une équipe de vendeurs » : Dans quel secteur ? Pour vendre quoi ? Dans quelle société ? Combien de vendeurs ? Etc.

« Je veux une maison dans le Perche » : Près de quelle ville ? Quel type de maison ? Combien de pièces ? En résidence principale ou secondaire ? Etc.

« Je veux avoir plus confiance en moi » : Dans quelles situations ? Dans la vie privée ? Professionnelle ? En groupe ? Dans l'intimité ? Vis-à-vis de vous-même ? Etc.

Affinez la spécificité de votre projet

Pour vous y aider, répondez aux questions suivantes :

- **Pourquoi avez-vous ce projet ?** *Pour créer quelque chose de nouveau ? Pour répondre à l'un de vos besoins ? Pour être en harmonie avec vos valeurs ? Parce que vous en rêvez depuis longtemps ? Parce que c'est le bon moment ? Qu'est-ce que vous en attendez ?*
- **Qui est l'acteur de ce projet ?** *Vous seul ? Vous et quelqu'un ? Vous et une équipe ?*
- **À qui est destiné ce projet ?** *Vous seul ? Tout le monde ? À un groupe de personnes déterminées ?*

❯ **Où allez-vous mettre en œuvre ce projet ?** *Chez vous ? Au travail ? En public ? Ailleurs ? Dans une autre ville, une autre région, un autre pays ? Dans une structure, une association, à l'occasion d'un événement ?*

❯ **De quoi avez-vous besoin ?** *De rien ? De votre courage ? De compétences spécifiques ? De personnes spécifiques ? D'argent ? De temps ? De soutien ?*

❯ **Quel est le temps que vous estimez nécessaire ?** *Pour démarrer ? Pour achever ? Quel en est le degré d'urgence ?*

Ces questions sont valables pour tout projet, tout objectif, tout rêve : créer un produit ou une entreprise, écrire un livre, changer de maison, se marier... Bien sûr, certaines d'entre elles seront moins adaptées selon votre demande – par exemple, vouloir que votre futur conjoint corresponde à l'intégralité des points de votre « cahier des charges » !

Voici enfin la dernière question, tout aussi importante : **Que ressentez-vous en imaginant ce projet réalisé ?**

Et maintenant, résumez en quelques lignes votre projet, compte tenu de vos réponses aux questions qui précèdent : ....

....

....

Votre projet est-il à présent clair et réellement spécifique ? Ou pourrait-il aussi s'appliquer à votre voisin ? Plusieurs interprétations sont-elles possibles ? Ou caractérise-t-il réellement et concrètement ce que vous êtes, ce que vous voulez et pourquoi vous le voulez ?

Enfin, pour en déterminer les éléments essentiels, **listez ci-dessous les 3 mots-clés qui caractérisent votre projet** :

- ....
- ....
- ....

M comme Mesurable

Les actions que vous allez accomplir pour la réalisation de votre objectif doivent être mesurables : basées sur du factuel, sur des aspects concrets vous donnant ainsi une **indication du chemin arpenté et de la distance restant à parcourir**. Si vous allez en voiture de Paris à Marseille, l'un de vos points de mesure peut être la ville d'Auxerre : l'avez-vous ou non atteinte ? Votre prochaine mesure sera ensuite la ville de Lyon, puis Valence, Orange, etc. Comme un GPS, vous contrôlez ainsi ce que vous avez fait et ce qu'il vous reste à faire.

Il y a donc deux types d'indicateurs à prendre en compte :

- ceux qui vous font voir que vous êtes sur la bonne route ;
- ceux qui vous permettent de savoir que vous avez atteint votre objectif.

JALONNEZ VOTRE PARCOURS D'ÉTAPES !

Pour tout projet, notamment ceux qui demandent le plus de temps et/ou d'efforts : fixez-vous des étapes, au terme desquelles vous pourrez être fier du chemin déjà parcouru. Chaque étape achevée vous motivera d'autant plus pour la suivante.

Posez-vous la question suivante : « *Quel est le premier pas concret que je peux faire dès aujourd'hui en direction de mon objectif ?* »

Un objectif mesurable fournit des renseignements concrets. Par exemple, si vous dites : « *Je veux améliorer mon chiffre d'affaires* », il n'y a rien de concret et vous ne saurez jamais vraiment si vous y êtes parvenu et dans quelle mesure. En revanche, si vous dites : « *Je veux avoir augmenté mes ventes de 15 % au 30 septembre* », voilà un objectif spécifique et mesurable. Vous saurez précisément, le 1er octobre, si le résultat est atteint ou pas.

Trouvez une méthode ou un système vous permettant de mesurer, objectivement, à quel moment vous atteignez votre objectif ou l'une de ses étapes.

Exemples :

- **Objectif :** *« Je veux mieux communiquer avec mon enfant. »* **Indicateurs possibles :** *« Nous ne sommes plus en conflit dans nos discussions », « Nous prenons le temps d'écouter nos points de vue », « Il me fait part de certains problèmes avec ses copains », « Nous allons ensemble à des expositions »*, etc.

A comme Acceptable

Le « A » correspond à « acceptable » mais, pour certains, il signifie « applicable » et, pour d'autres, « adéquat » ou même « ambitieux ». Retenons « acceptable » en considérant qu'il recouvre ces notions.

Vis-à-vis des autres

Il signifie, pour commencer, que votre objectif répond à la légalité. Si votre projet est de créer dans votre cave un laboratoire d'explosifs, c'est sans doute spécifique et mesurable, mais peu acceptable aux yeux de la société !

Le côté « acceptable » se situe **en partie par rapport aux autres, les personnes parmi lesquelles vous évoluez, votre environnement, le contexte où vous opérez.** Si vous décidez de quitter votre emploi dans une entreprise pour devenir agriculteur à 500 km de là, « acceptable » signifie par exemple que vous avez l'accord de votre conjoint relativement aux changements correspondants : revenus, statut social, cadre de vie, horaires, etc.

Vis-à-vis de soi

Il faut également, et surtout, que votre projet soit **acceptable pour vous**. Par rapport à votre sens de l'éthique, par exemple. La référence à votre système de valeurs est ici un point capital. Si le projet que vous avez déterminé est contraire à vos valeurs fondamentales, vous vous situez alors dans une zone à risque.

En somme, posez-vous la question suivante : *« Est-ce que c'est acceptable pour moi ? »*, sous-entendu : compte tenu de ce que je peux, de ce que je crois et de ce que je suis.

FAITES PREUVE D'AMBITION… À VOTRE MESURE !

Le terme « ambitieux » n'est pas à négliger. Si votre objectif n'est pas assez ambitieux, il peut ne pas nourrir longtemps votre envie de faire, car la motivation risque d'être faible. S'il n'y a aucun défi à relever, vous aurez peu de satisfaction à l'arrivée. C'est pourquoi nous avons insisté plusieurs fois sur l'émotion que vous ressentez à l'évocation de votre projet et de sa concrétisation. Mais s'il est trop ambitieux, vous pouvez vous sentir découragé devant l'ampleur de la tâche à accomplir, car votre projet dépasse alors vos capacités.
L'ambition sous-tend la notion d'effort à accomplir, qui peut elle aussi s'exprimer à travers des indicateurs, en termes de comportement par exemple. « L'équipe va participer au projet » témoigne d'un indicateur peu ambitieux. Ce qui est bien différent de : « L'équipe va s'investir dans le projet et le nourrir d'idées nouvelles ». La motivation, c'est une bonne adéquation entre l'ambition et les capacités.
Il vous faut donc trouver le juste équilibre entre ce qu'il est acceptable pour vous de réaliser et ce qui est trop ambitieux pour tenir sur la durée.

R comme Réaliste

« Réaliste » signifie que l'objectif doit être effectivement réalisable.

Pour commencer, comme déjà évoqué plus haut, votre objectif dépend-il ou non de vous (voir p. 62) ?

Ensuite, tout n'est pas possible. Si l'objectif est inaccessible, la motivation sera absente. **Les efforts à accomplir doivent s'insérer dans une réalité de ce qu'il est possible de faire.**

Prenons un exemple simple d'objectif non réaliste : si vous ne jouez jamais au tennis et que vous décidez aujourd'hui de participer à la prochaine finale de Roland-Garros, ce n'est absolument pas réaliste et l'univers ne pourra rien pour vous. En revanche, vous pouvez décider d'acheter une raquette, vous inscrire à un club, prendre des cours, vous entraîner et avoir comme objectif de disputer d'ici quelques mois un match tout à fait honorable avec un ami.

Votre objectif se doit donc d'être adapté à ce qu'il vous est possible d'effectuer, voire davantage, mais avec une certaine limite. Soyez donc ancré dans le réel, votre réel, en adéquation avec la réalité.

À NOTER

Ce point ne doit pas vous empêcher de rêver, et même de rêver grand : ce que vous ne pouvez réaliser aujourd'hui, vous pourrez peut-être le réaliser dans six mois, un an, dix ans… vos rêves et vos idéaux aussi sont un moteur !

« Réaliste » signifie que l'objectif peut être atteint avec les moyens disponibles : ceux dont vous disposez et ceux que vous pouvez aller chercher. Savoir qu'un objectif est atteignable permet de conserver sa motivation intacte, de se donner les moyens de réussir.

T comme Temporel

Qu'est-ce qui fait la différence entre un objectif et un rêve ? C'est que le premier se situe dans le temps. Il a une date de commencement et une date de fin. Rien n'empêche d'avoir un rêve, bien au contraire, mais en aucun cas il ne peut être qualifié d'objectif. **Il le deviendra le jour où vous poserez un acte en ce sens avec un déroulement prévu et une réalisation à atteindre dans un temps donné.**

Il convient donc, lorsque les paramètres de ce que vous désirez ont été établis, de vous demander :

- « *Quand est-ce que je commence ?* »
- « *Quelle est la première action à faire ?* »

Puis, en fonction de la nature de votre objectif : « *Quelle est l'échéance que je me fixe pour cela* ? »

Choisissez votre juste milieu entre, d'une part, le défi qui vous motive et, d'autre part, la pression qui vous décourage et vous anéantit. Soyez raisonnable dans l'échéance que vous vous fixez : n'oubliez pas, votre objectif doit être acceptable (voir p. 120) dans tous ses aspects !

LES CONSEILS EN +

› N'hésitez pas à jalonner votre projet d'étapes intermédiaires (voir p. 119) auxquelles vous fixerez des échéances intermédiaires : cela vous aidera à prendre pleinement conscience du temps dont vous avez besoin pour concrétiser l'intégralité de votre objectif.

Le SMART est un cadre utile pour vous fixer des objectifs, modestes ou importants, modifiant un peu ou fondamentalement votre manière de vivre. Prenez-le comme un outil très pratique, qui a fait ses preuves en bien des situations et qui vous apportera des résultats.

Mon objectif est-il SMART ?

Maintenant que vous savez ce qu'est un objectif SMART, faites le point sur votre projet afin qu'il corresponde aux critères SMART et que vous mettiez, ainsi, toutes les chances de votre côté pour le concrétiser.

Quel est mon projet ?	En quoi est-il SMART ?	Éventuellement, que pourrait-il manquer pour qu'il le soit ?	Éventuellement, que faudrait-il ajouter pour qu'il le soit ?
Spécifique			
Mesurable			
Acceptable			
Réaliste			
Temporel			

LE SMART ET LA LOI DE L'ATTRACTION

En quoi le SMART rejoint-il la loi de l'attraction ? En ce qu'il permet de définir un projet dans toutes ses principales caractéristiques, quel que soit le projet que l'on désire concrétiser (professionnel, matériel, affectif, relationnel...). Il est concret et c'est ainsi que l'on peut formuler une demande claire, compréhensible, qui nous corresponde. Quand on ne sait pas où on va, on prend le risque de ne pas savoir qu'on est sur un mauvais chemin. Et quand on ne sait pas ce qu'on veut, on prend le risque d'obtenir ce que l'on ne veut pas. Pour que la loi de l'attraction puisse opérer, il importe que l'on soit clair, et cette clarté commence par la clarification de son propre objectif.

Chapitre 4

Je clarifie mon objectif en adéquation avec ce que je suis

Allons plus loin, maintenant : vous avez un projet, un rêve dont vous savez désormais qu'il est réalisable. Mais si vous souhaitez attirer ce que vous demandez et ce vers quoi vous vous mettez en chemin, il faut vous assurer de ne pas vous perdre vous-même en route !

Il va donc falloir vous interroger plus en détail : ce projet, ce rêve vous correspond-il pleinement ? Entre-t-il en résonance, en adéquation avec ce que vous êtes au fond de vous ? Vous appartient-il complètement ? Possédez-vous déjà les ressources pour le mettre en œuvre et lui donner toute sa réalité ?

FAUT-IL ÊTRE SOUPLE OU EXIGEANT ?

Quand on définit un objectif, un projet, quand on veut concrétiser un rêve, nous avons vu qu'il est important que celui-ci soit « spécifique » (voir les critères SMART, p. 114). C'est pourquoi il est important de faire preuve de précision.

Mais jusqu'à quel point ? Faut-il préciser à l'extrême ou bien conserver un certain flou ? Généraliser est difficile car, selon votre objectif, l'une ou l'autre de ces approches aura plus ou moins de pertinence.

Quand dois-je être précis ?

Avec l'hyper-précision, vous devez **définir votre objectif jusque dans ses moindres détails** : si vous désirez, par exemple, une nouvelle maison, vous devez déterminer son emplacement (ville, village, campagne, montagne, proche des commerces ou isolée...), son style (moderne, rustique, écoconstruction...), ses dimensions et leur répartition (de plain-pied, à étages, 3 ou 15 pièces...), son espace extérieur (cour, jardinet, pré, grand parc ou rien du tout ; mitoyenne, 3 faces, 4 faces...), l'atmosphère qui s'y dégage, les sensations que vous voulez y ressentir, etc. Être très précis a ici tout à fait son sens : ce sera votre lieu de vie et il importe qu'il vous corresponde en tout point. En règle générale, **pour un objet ou un produit – pour du matériel, en somme –, que vous vouliez le concevoir, le produire ou l'acheter, l'hyper-précision a toute son utilité.**

Quand dois-je faire preuve de plus de souplesse ?

En revanche, si vous désirez rencontrer votre âme sœur, la précision se doit d'être moindre. Il y a des aspects sur lesquels vous devez être clair : est-ce pour fonder une famille ? pour rompre la solitude ? pour partir sur les routes à deux ? Souhaitez-vous qu'il ou elle soit de telle origine ethnique, de telle confession religieuse, ait tel sens des valeurs, tel caractère, etc. ? Mais pour d'autres aspects (sauf exceptions qui vous appartiennent !), vous resterez plus ou moins dans le flou, comme sa taille, la couleur ou la longueur de ses cheveux, sa tranche d'âge, etc. Et d'autres enfin où vous pourriez ne rien préciser du tout (comme sa situation professionnelle, ses loisirs, ses goûts musicaux...). Chacun d'entre nous a ses propres critères, mais chacun opérera un **métissage entre des critères hyper-précis, d'autres relevant plus d'une préférence (moins précis, donc) et d'autres enfin qui lui seront indifférents et qu'il réservera au hasard des rencontres.**

TROUVEZ VOTRE JUSTE MILIEU

En revanche, vous risqueriez de ne jamais rencontrer qui que ce soit :

› En demeurant dans le flou absolu, soit parce que vous auriez vécu des déconvenues par le passé (par exemple, un caractère ou des valeurs opposées aux vôtres), soit parce que vous ignorez totalement quel type de personne pourrait vous correspondre.

› En allant trop loin dans l'hyper-précision, parce que vos exigences purement conceptuelles réduiraient terriblement votre choix ; vous en viendriez à désirer une personne comme on choisit un objet sans savoir si elle vous correspondrait réellement – voire à désirer un idéal qui n'existe pas.

Cela contredit-il ce qui a été exposé au sujet du premier critère SMART, à savoir un objectif spécifique ? Non. Vous devez intégrer un minimum de souplesse en fonction de l'objectif qui est le vôtre. C'est une question de juste milieu fondé sur le bon sens !

Que ce soit pour faire une demande à l'univers et/ou pour définir un objectif, votre degré de précision est variable. L'essentiel, c'est qu'il soit clair et compréhensible.

À RETENIR

Comment savoir, donc, ce qu'il vous faut déterminer avec précision et ce que vous devez laisser advenir ?

Soyez précis sur ce qui vous est absolument essentiel et lâchez du lest sur le reste.

L'essentiel, c'est ce qui vous importe le plus, ce qui vous fait vibrer intensément. Exprimé en négatif, c'est ce qui vous ferait fuir si ce n'était pas présent ! Le reste, c'est ce qui vous plaît si c'est présent mais ne vous affecte pas si c'est absent, car votre essentiel est satisfait.

(Voir aussi l'exercice « De quoi ai-je vraiment besoin et/ou envie ? », p. 92, pour faire le point sur ce qui vous est essentiel et ce qui ne l'est pas.)

Nous allons maintenant affiner ce point en déterminant vos valeurs et vos besoins.

JE METS AU JOUR MES VALEURS ET MES BESOINS ESSENTIELS

Dans la recherche de ce que vous voulez, dans l'élaboration d'un projet qui vous tient à cœur, il existe des liens essentiels entre :

- la **mise au jour de vos valeurs fondamentales** (voir « Identifiez vos valeurs », p. 136) ;

- la **recherche de vos besoins** (voir « De quoi ai-je vraiment besoin et/ou envie ? », p. 92, et « Qu'avez-vous réellement besoin de satisfaire ? », p. 139) ;
- le **degré de votre motivation** (voir « J'active ma motivation », p. 146) ;
- et la **détermination de vos croyances aidantes** (voir « Des croyances qui aident et d'autres pas », p. 164).

Ce sont là les quatre piliers sur lesquels vous pourrez assurément vous appuyer pour bâtir ce que vous désirez et attirer à vous ce qui vous correspond vraiment.

Quelles sont les valeurs qui guident votre vie ?

Vos valeurs sont des croyances essentielles. Parce qu'elles structurent votre façon de penser, elles conditionnent vos choix : pourquoi faites-vous cela ? Pour quelles raisons ? En cohérence avec quelles valeurs ? Elles répondent à la question : **qu'est-ce qui est important pour moi ?**

Il est essentiel que votre objectif soit en concordance avec vos valeurs puisqu'elles sont ce qui préside à tous vos choix.

Une croyance, c'est quelque chose que nous jugeons vrai à un moment donné, dans un contexte donné. Une valeur, c'est une conviction à laquelle nous adhérons de façon profonde et qui fonde notre vie, une référence concernant le monde et nous-mêmes que nous désignons par un mot empli de sens, de notre sens : honnêteté, intégrité, liberté, respect, justice, générosité, etc. Ces mots-clés nous inspirent et représentent pour nous quelque chose d'essentiel qui nous est propre.

Certaines de nos valeurs sont si importantes que nous pouvons même rompre toute relation avec quiconque ne les partageant pas car nous n'y reconnaissons pas ce qui constitue notre fondement. Quand nous disons : « *Nous n'avons pas les mêmes valeurs* », cela signifie : « *Nous ne partageons pas les mêmes notions de ce qui est bon, juste, vrai* », etc.

Nos valeurs ne sont pas le fruit du hasard et constituent le noyau dur de notre « vérité ». Vérité, certes, subjective et individuelle, mais que nous ne serions pas prêts à remettre en cause.

Une valeur est vécue comme vraie, authentique et structurante et elle s'appréhende essentiellement dans son aspect qualitatif : elle est pratiquement toujours présentée comme positive alors que, nous le verrons un peu plus loin (voir p. 147), une croyance peut se révéler négative, limitante pour nous. En somme, nos valeurs sont nos croyances essentielles.

- **Chaque fois que vous respectez et nourrissez vos valeurs, elles vous permettent :**
  - de vous sentir en harmonie avec vous-même ;
  - de conforter l'estime que vous vous portez en osant être vous-même ;
  - de prioriser vos actions et d'aller à l'essentiel ;
  - d'aller vers du plus et du mieux ;
  - d'augmenter votre énergie positive et d'attirer à vous ce que vous souhaitez vraiment parce que cela vous correspond.
- **Chaque fois que vous ne respectez pas ou négligez vos valeurs, elles vous empêchent :**
  - de vous sentir bien en diffusant un mal-être en vous ;
  - de développer votre estime de vous en esquintant votre congruence (voir p. 173) ;
  - de faciliter vos actions en vous faisant agir sous la contrainte ou la pression ;
  - d'avancer correctement en vous faisant stagner ou régresser ;
  - de laisser vos bonnes énergies s'exprimer.

Il est donc capital que votre projet ou votre rêve soit en harmonie avec vos valeurs fondamentales. Et si les énergies équivalentes s'attirent comme il est dit dans la loi de l'attraction, il vous sera plus difficile d'attirer à vous ce que vous souhaitez si, dès l'origine, vous n'agissez pas en adéquation avec vous-même.

Identifiez vos valeurs

Pour trouver vos valeurs, commencez par vous interroger sur ce qui compte pour vous. Voici une liste de questions qui vont, peu à peu, faire émerger vos valeurs fondamentales, ce qui vous constitue dans votre identité, votre individualité.

- *Qu'est-ce qui est important pour moi sur la durée ?*
- *Qu'est-ce qui me motive aujourd'hui ?*
- *Lorsque je fais des choix importants, qu'est-ce qui les détermine ? Qu'est-ce que je veux respecter en faisant ces choix ?*
- *Que représente pour moi ce domaine/ce projet/cette relation, etc. ? Qu'est-ce que cela satisfait en moi ?*
- *Quel est le point commun des personnes que j'apprécie le plus ?*

Soyez maintenant encore plus spécifique ! Pour chacune des trois questions suivantes, répondez-y en vous penchant, au choix, sur votre vie

personnelle, votre vie professionnelle, votre vie familiale, votre vie amoureuse, votre vie relationnelle, ou toutes à la fois.

› *Quels ont été les moments les plus merveilleux que vous ayez connus, les instants ou les jours les plus intenses que vous ayez vécus ?*
› *Pourquoi ont-ils été si merveilleux et intenses ?*

Centrez-vous à présent sur les autres.
Si vous aviez (ou avez) des enfants, quels sont les trois choses, les trois traits de caractère ou les trois comportements que vous voudriez absolument qu'ils aient :

› ....
› ....
› ....

Désormais, vous connaissez ce qui compte le plus pour vous. Regroupez les mots et idées que vous avez notés durant tout cet exercice en 3 grands groupes, puis attribuez à chacun de ces groupes le mot qui les résume, qui les unifie.
Vos 3 valeurs essentielles sont :

› ....
› ....
› ....

Ce que vous avez envie d'attirer doit correspondre à l'une ou à l'ensemble de ces trois valeurs. Si ce n'est pas le cas, votre objectif est alors à revoir, car vous ne pouvez pas désirer quelque chose qui les contredit. S'il y a une harmonie, alors vos valeurs représentent à la fois un puissant levier pour démarrer et une forte motivation pour continuer.

QUE FAITES-VOUS POUR NOURRIR VOS VALEURS ?

C'est quoi, « nourrir ses valeurs » ? C'est ce que vous faites, concrètement, pour les satisfaire jour après jour : *a minima*, ne pas les contredire, mais, plus encore, s'engager toujours plus vers elles dans chaque pensée, chaque parole, chaque acte que vous faites.
Exemple :
› **Valeur** : le respect de l'environnement.
Actes : je recycle chaque semaine ; je m'informe sur l'écologie ; je participe à des actions en faveur de l'environnement.
Dès lors que votre projet est établi, que votre objectif est fixé, interrogez-vous : est-ce que cela nourrit mes valeurs essentielles ? Suis-je en cohérence avec elles ?
Résumez cela en une phrase :
« *Mon projet m'est important parce que* .... »

C'est différent de certaines présentations de la loi de l'attraction, et cela demande, certes, un peu plus d'efforts et de réflexion, mais cela vous permet de formuler un objectif qui correspond pleinement à qui vous êtes. **Plus vous serez en harmonie avec vous-même, plus vous agirez avec justesse et serez en mesure de recevoir avec justesse.**

Qu'avez-vous réellement besoin de satisfaire ?

Identifier vos vrais besoins est un élément tout aussi capital, puisqu'**ils recouvrent l'ensemble de tout ce qui vous apparaît *nécessaire*.** Faute de bien les connaître, il peut arriver que vous les confondiez avec une envie (qui, souvent, n'est que passagère) et que vous en oubliiez de satisfaire ceux qui vous sont fondamentaux. Or, quand un besoin est frustré parce qu'il n'a pas été satisfait, vous ressentez, une sensation de manque qui se traduit par un mal-être. À l'inverse, quand ce besoin est comblé, alors vous ressentez du bien-être, de la satisfaction, de la joie, de la plénitude.

Les besoins s'organisent selon une hiérarchie précise : certains sont purement physiologiques (comme le besoin de se nourrir, de boire, de se reposer), d'autres relèvent du spirituel (comme le besoin de s'accomplir ou celui de donner un sens à son existence). Entre eux évolue tout un ensemble de besoins variables d'une personne à l'autre dans leur expression et dans leur degré de satisfaction. Certains recoupent d'ailleurs nos valeurs (voir p. 136).

Pour les déterminer, prenons d'abord conscience que notre vie s'organise autour de 6 grands domaines :

① **Vie personnelle (intimité, santé, sport, développement personnel, spiritualité...).**

② **Vie amoureuse.**

③ **Vie familiale (parents, enfants, grands-parents, beaux-parents, etc.).**

④ **Vie relationnelle (amis).**

⑤ **Vie professionnelle (travail, relations de travail).**

⑥ **Vie sociale (vie associative, politique, connaissances, interactions avec les autres, voisinage...).**

Ces domaines s'imbriquent et interagissent entre eux pour former un tout cohérent, un système constitué des sous-systèmes dans lesquels nous endossons tour à tour différentes identités.

Voici 4 étapes pour faire le point sur vos besoins essentiels.

1. Faites le point sur votre vie actuelle

Domaines	Où en suis-je aujourd'hui* ?	Qu'est-ce qui me manque** ?	Qu'est-ce que je désire*** ?
Vie personnelle			
Vie amoureuse			
Vie familiale			
Vie relationnelle			
Vie professionnelle			
Vie sociale			

À NOTER

Il se peut qu'un domaine ne vous concerne pas ; par exemple, « Vie amoureuse » parce que vous êtes célibataire et que cela vous convient très bien. Ne cherchez pas à remplir tout le tableau si cela ne vous correspond pas.

* Sur une échelle de 1 à 5, notez là où vous en êtes actuellement (1 correspondant à « ça ne me convient pas du tout » et 5 correspondant à « j'en suis tout à fait satisfait »).

** Aussi bien pour ce qui vous manque que pour ce que vous désirez (colonne suivante), listez tout ce que vous estimez important pour vous, que ce soit sur le plan matériel, intellectuel, émotionnel, relationnel, spirituel, financier, etc.

*** *Cf.* note précédente.

2. Prenez conscience de ce qui vous manque

Pour chacun des manques que vous avez relevés dans l'étape 1, notez-le de 1 à 3 :

① **C'est un manque fort :** ça m'affecte grandement dans mon équilibre de vie, ça m'est toxique, ça m'empêche d'être épanoui, ça m'obnubile ou ça fait naître très régulièrement des émotions négatives, etc.

② **C'est un manque moyen :** ça m'empêche d'être totalement bien ; ce n'est pas obsessionnel, mais ça me gêne ; je peux toujours m'adapter, mais ça me coûte en énergie.

③ **C'est un peu superflu :** ça participe à mon confort, à mon équilibre et je préfère ne pas ressentir ce manque, mais si c'est le cas, ce n'est pas un drame.

Domaines	Mes manques	Leurs notes
Vie personnelle	- - -	- - -
Vie amoureuse	- - -	- - -
Vie familiale	- - -	- - -
Vie relationnelle	- - -	- - -

Domaines	Mes manques	Leurs notes
Vie professionnelle	- - -	- - -
Vie sociale	- - -	- - -

3. Déterminez ce que vous désirez

Pour chacun des désirs que vous avez relevés dans l'étape 1, notez-le de 1 à 3 :

① **C'est un désir puissant :** j'en rêve, j'en ai profondément envie. Quand j'y pense, je me sens particulièrement motivé et quand je m'imagine l'avoir, je suis en joie.

② **C'est un désir moyen :** il est important, je serais ravi de l'avoir ; si je ne l'ai qu'en partie, ce sera déjà satisfaisant ; si je ne l'ai pas, ça m'ennuiera, mais je ferai avec et je m'adapterai.

③ **C'est un désir de confort :** s'il est présent, tant mieux (un peu comme la cerise sur le gâteau) et s'il est absent, tant pis, sans que cela ne m'affecte.

Domaines	Mes désirs	Leurs notes
Vie personnelle	- - -	- - -
Vie amoureuse	- - -	- - -
Vie familiale	- - -	- - -
Vie relationnelle	- - -	- - -
Vie professionnelle	- - -	- - -
Vie sociale	- - -	- - -

Vous avez à présent une pleine conscience de ce dont vous avez besoin pour être épanoui et heureux. Nécessairement, certains de vos désirs expriment certains de vos manques en positif ou les complètent. Exemple : *« Il me manque des relations harmonieuses »* que complète *« Je veux des relations harmonieuses »*.

LE CONSEIL EN +

Veillez à bien exprimer vos désirs en positif : *« Je veux des relations harmonieuses »* et non pas *« Je ne veux plus de relations conflictuelles »*.

Par ailleurs, en ayant ainsi hiérarchisé vos manques et désirs au moyen de notes, vous avez distingué ce qui vous est essentiel de ce qui l'est moins ou pas du tout.

4. Recentrez-vous sur ce qui vous est essentiel

- Prenez ensuite comme référence une journée de 24 heures et partagez-la entre les différents domaines du cercle : indiquez, pour chaque portion de cercle, le temps que vous voulez y accorder sur une journée.

À NOTER

Vous ne pourrez pas tout faire en même temps ! Mettez toute votre énergie dans le domaine auquel vous avez accordé le plus d'importance, car c'est ce qui constitue ce qu'il vous est nécessaire d'obtenir en priorité. Sinon, le reste en sera affecté.

Une fois que vous avez identifié votre priorité, n'oubliez pas de la passer au crible des critères SMART (voir p. 114).

Vous avez hiérarchisé vos besoins selon l'importance que vous leur accordiez et le temps que vous souhaitiez consacrer à les satisfaire. Notez, ci-dessous, vos 3 besoins les plus importants :

› ....

→

- ....
- ....

Ce qui va être modifié en positif dans votre vie, c'est la satisfaction d'un besoin primordial, en harmonie avec vos principales valeurs : ainsi, la satisfaction de vos valeurs correspondra à celle d'un ou plusieurs besoin(s) essentiel(s).

Vous êtes sur le bon chemin pour penser, ressentir et agir en harmonie avec votre identité profonde, et nous en revenons à la loi de l'attraction, non telle qu'elle a été décrite dans de nombreux ouvrages marketing sur le sujet, mais comme un processus de réussite et d'épanouissement : **parce que vous vous mettez en résonance avec votre nature profonde, vous permettez la concrétisation de ce que vous voulez vraiment dans votre vie**.

J'ACTIVE MA MOTIVATION

Il existe beaucoup de théories sur la motivation et sur les facteurs qui la favorisent. Il est difficile de retenir un facteur plutôt qu'un autre compte tenu de la diversité des objectifs qui peuvent être les vôtres. Selon que vous désirez fonder une famille, créer votre société ou vous installer dans un nouveau pays, vous aurez nécessairement des attentes et des motivations différentes.

Retenons cependant trois critères qui ont toute leur pertinence ici.

Ce projet correspond-il à mes valeurs et à mes besoins ?

Vous avez identifié, précédemment, vos valeurs essentielles (voir p. 136) et les besoins que vous souhaitez satisfaire (voir p. 139), et nous avons vu combien il est important, dans votre manière d'agir et de penser, d'être en congruence avec ce que vous êtes au fond de vous.

Il est essentiel, maintenant, de savoir si le projet ou le rêve que vous désirez concrétiser correspond pleinement à ces valeurs et à ces besoins.

Reprenez vos 3 valeurs et pour chacune, demandez vous :

› *Ce que je veux faire me permet-il de satisfaire cette valeur ?* ☐ *Oui* ☐ *Non*

› *Si oui, de quelle manière ?.......................................*

› *Si non, comment puis-je y remédier ?................*

Puis, procédez de même pour chacun de vos besoins essentiels.

Si une ou plusieurs de vos réponses sont « non », vous risquez d'échouer si vous ne trouvez pas un moyen de faire correspondre votre projet à vos valeurs et vos besoins. Si, au contraire, vous répondez « oui » et que vous avez déterminé concrètement en quoi et comment vous pourrez les satisfaire, alors vous vous donnez toutes les chances de vous épanouir et d'attirer à vous ce qui vous correspond le mieux.

Ce projet me procure-t-il du plaisir ?

Toute personne recherche au long de son existence le plaisir plutôt que le déplaisir. C'est pour cela que les pages qui précèdent ont souvent insisté sur les émotions positives que vous ressentez à l'évocation de votre objectif : plus vous les percevez profondément en vous et plus vous aurez d'enthousiasme à commencer votre projet et à persévérer en vue de sa concrétisation.

Il vous faut donc vous poser deux questions essentielles relativement à ce projet :

- **Ce que vous voulez vous tient-il à cœur ?**
- **Avez-vous une envie forte, réelle et sincère d'obtenir ce que vous voulez ?**

Ce plaisir peut intervenir dans plusieurs domaines. Quelques exemples :

- Vous avez une passion (artistique, sportive...) : le fait de vous imaginer la réaliser et progresser doit vous donner un plaisir très fort, ce qui place souvent les passions comme facteurs de motivation d'une très grande puissance.

- Vous souhaitez vous accomplir personnellement, affectivement ou spirituellement : votre but est élevé et peut correspondre à un accroissement de votre richesse intérieure. Il peut être la volonté de vivre en pleine harmonie avec vos valeurs.

À RETENIR

Il est important que vous ressentiez un ardent désir de réaliser ce que vous voulez, car vous en retirerez un plaisir de qualité qui vous apportera bonheur et sérénité. Ce plaisir est également lié à votre sentiment d'œuvrer pour réaliser le sens que vous donnez à votre existence. Ce qui est déterminant ici, c'est ce que vous *ressentez*.

Ce projet est-il réellement le mien ?

Ce qui est également déterminant, c'est de savoir si votre projet vous appartient réellement, s'il vient effectivement de vous ou bien... de quelqu'un d'autre, avec deux cas de figure principaux :

- **Vous avez un objectif à cause d'une demande ou pression externe** (familiale, sociale, professionnelle, etc.) : si ce projet n'est pas entièrement à vous et en vous, votre motivation ne sera jamais forte car, plutôt que d'être attiré par le plaisir de sa réalisation, vous serez mû par la crainte de ce qui vous arrivera si vous n'y parvenez pas (critique, désapprobation, rejet, sanction, etc.). Ce n'est donc pas la joie de la réussite qui vous gouverne, mais la peur de l'échec.

- Le deuxième cas de figure est très proche : **certains articles ou livres, ou certaines personnes vous disent qu'il faut « voir grand » et peuvent dénigrer votre objectif s'il leur paraît dénué d'ambition.** Vous pouvez dès lors vous interroger :
  - Qu'est-ce que « voir grand » ?
  - Pourquoi « faut-il » voir grand ?
  - En fonction de quoi ? Ou de qui ?
  - En quoi ce que vous désirez ne correspond-il pas à votre ambition ? Ce que l'on vous reproche ne correspondrait-il pas plutôt à une ambition par procuration ?

Retenez qu'il est essentiel que votre projet, quel qu'il soit, vous appartienne :

- C'est *vous* qui êtes concerné.
- C'est *vous* qui allez en être l'acteur principal et qui serez impliqué.

- C'est *vous* qui connaissez les moyens à mettre à œuvre, le temps à y consacrer, les capacités dont vous disposez, le plaisir que vous prendrez ou non à le réaliser, etc.
- C'est *vous* qui serez responsable de son évolution et de sa finalisation, heureuse ou pas.

Si votre rêve est d'escalader un ballon des Vosges et que vous y trouvez là votre plein contentement, votre joie, votre fierté, pourquoi diable devriez-vous répondre à un impératif de gravir l'Everest ?

Ramenez cette illustration à votre projet et revenez à ce qui vous fait *vraiment* vibrer, tout au fond de vous. Oubliez les injonctions qui vous poussent à « sortir de votre zone de confort » (vous avez tout à fait le droit de vibrer *dans* votre zone de confort !) et répondez à ce que vous sentez vibrer en vous.

Mesurez votre motivation à réaliser votre projet

Avez-vous réellement envie de concrétiser votre projet ? Répondez sincèrement aux questions suivantes en écoutant ce que vous ressentez au plus profond de vous-même :

❯ **Sur une échelle de 1 à 10, à combien est-ce que je situe mon envie de réaliser ce projet (1 étant le plus faible) ?** *Cela me paraît-il suffisant pour* *me motiver et maintenir ma motivation durant toute sa réalisation ?*

› Sur une échelle de 1 à 10, par rapport à d'autres projets que j'ai (en cours ou à venir), quel degré de priorité est-ce que je donne à celui-ci ? *Cela me paraît-il suffisant pour y accorder toute la motivation nécessaire ?*

FAITES LE POINT SUR VOS RESSOURCES !

Pour compter sur une motivation qui ne faiblit pas, il est indispensable de développer sa propre confiance en soi et en ce que l'on peut réussir. Pour cela, vous devez chercher sur quelles ressources vous pouvez vous appuyer.

Il est d'usage de distinguer les ressources internes et les ressources externes.

De quelles ressources internes ai-je besoin ?

Les ressources internes sont les différentes potentialités et possibilités que vous possédez et auxquelles vous allez recourir pour accomplir votre objectif. Dans la loi de l'attraction, les ressources internes représentent ce que vous émettez, votre proactivité au service de ce que vous désirez : plus vous activerez vos ressources internes, plus vous augmenterez la force de votre énergie et lui permettrez de se déployer et de recevoir en retour une énergie correspondante. Mais elles ne deviennent ressources qu'à condition de les avoir identifiées. Dès lors, elles peuvent être utilisées.

Distinguons deux grands types de ressources internes :

- **Les ressources de type cognitif :** ce sont vos connaissances mobilisables pour une action ou qui l'orientent, vos moyens d'apprendre et votre faculté de traiter une information – on pourrait les définir comme vos stratégies.
- **Les ressources de type émotionnel (dites d'attitudes ou de savoir-être) :** elles concernent la perception que vous avez de vous, votre confiance en vous, le sentiment que vous avez de votre compétence, votre capacité d'adaptation, votre souplesse, votre créativité, etc. Elles incluent également le souvenir et la représentation que vous vous faites d'expériences passées ainsi que la projection que vous vous faites de ce qui est à venir. Elles peuvent augmenter ou diminuer vos autres ressources. Plus ces ressources ont une qualité élevée, plus elles engendrent un état émotionnel positif, et donc plus elles vous aident.

LE CORPS COMPTE AUSSI !

Ajoutons-y également les ressources corporelles : ce sont toutes vos habiletés motrices, aussi bien vos capacités physiques que votre maîtrise de divers outils matériels. Identifiez également ces capacités et cherchez à les accroître.
N'oubliez pas de maintenir votre état physique au mieux de sa forme, car de vos ressources corporelles dépendent toutes vos autres ressources : sans elles, impossible de cheminer. Un esprit sain dans un corps sain, c'est la clé !

Voyons comment identifier et développer ces ressources internes.

Identifiez vos ressources de type cognitif

Faites d'abord le point sur l'ensemble des connaissances dont vous avez réellement besoin pour la réalisation de votre objectif. (Rien de vous empêche de compléter cette liste ultérieurement, mais limitez-vous à 10 connaissances maximum – au-delà, vous prenez le risque d'entrer en zone d'incompétence) :

1. .... 6. ....

2. .... 7. ....

3. .... 8. ....

4. .... 9. ....

5. .... 10. ....

Faites maintenant le point sur les connaissances dont vous disposez déjà :

Quelles sont celles que je possède* ?	**Quelles sont celles que je dois perfectionner ?**	**Comment vais-je les utiliser ?**

* Attribuez à chacune une note : 1 = connaissance générale ; 2 = connaissance poussée ; 3 = maîtrise totale.

À NOTER

En faisant ainsi le point sur vos réelles aptitudes et sur celles qui vous enthousiasment le plus, vous abandonnez d'éventuelles croyances négatives sur vous et renforcez votre confiance en vous.

Puis, faites le point sur les connaissances que vous n'avez pas ou pas encore :

Quelles sont celles qui me manquent* ?	Comment puis-je les acquérir ?	Dans quel délai dois-je les acquérir ?	Quelles sont celles que je peux déléguer et à qui ?

* Attribuez à chacune une note : 1 = connaissance générale ; 2 = connaissance poussée ; 3 = maîtrise totale.

Cultivez vos ressources de type émotionnel

L'essentiel est de renforcer l'estime de soi, l'image que vous avez de vous, et de développer envers vous-même un regard bienveillant. Il existe plusieurs manières de faire. Plus elles sont simples et plus il vous sera facile de les mettre en application.

Cherchez les « petites choses » du quotidien qui vous font plaisir. Par exemple : écouter la musique que vous aimez, prendre le temps de vous détendre sous la douche, rêvasser, lire un bon livre, partager un dîner amusant avec des amis chers ; bref, des petits riens que vous aimez. Mettez-les en action. Et, de temps à autre, faites du sport, offrez-vous une grande promenade dans la nature, offrez-vous un massage, allez voir un film distrayant ou une pièce de théâtre, etc. Toutes ces petites choses, mises bout à bout, sont importantes, car **elles alimentent votre dynamique et contribuent à améliorer la perception que vous vous faites de vous-même.**

Le but est de développer votre joie, votre enthousiasme, et de vous maintenir dans une dynamique positive.

SOURIEZ À LA VIE !

Faites également travailler des muscles très importants : vos zygomatiques ! Pour cela, fuyez autant que possible les informations dramatiques et les personnes toxiques (négatives, plaintives, défaitistes, médisantes, colériques...) pour privilégier la compagnie de personnes enthousiastes, positives, optimistes, joyeuses, ainsi que les moments plaisants. Les émotions sont contagieuses, alors recherchez en priorité celles qui vous sont bonnes !

Sur quelles ressources externes puis-je m'appuyer ?

Les ressources externes concernent votre environnement. On distingue essentiellement celles qui sont documentaires ou matérielles et celles qui sont relationnelles.

Dans la loi de l'attraction, les ressources externes représentent ce que vous recevez : par la mise en mouvement que vous opérez, vous favorisez la survenue d'opportunités qui vous aideront à mener votre projet dans la direction que vous souhaitez.

Les ressources documentaires ou matérielles

Elles désignent tout ce dont vous avez besoin pour votre projet et qui est à votre disposition : documents (imprimés ou électroniques), ouvrages, tutoriels en ligne, sites Internet, ainsi que des outils, des appareils, divers objets, voire le lieu physique où vous pouvez exercer votre projet.

On y inclut les moyens financiers et, de manière plus générale, tout ce qui contribue concrètement à vous aider.

Les ressources relationnelles

Ce sont toutes les personnes et tous les organismes qui peuvent, directement ou indirectement, concourir à la finalisation et au succès de votre projet :

- les personnes de votre entourage proche (famille, amis, relations professionnelles, etc.) ;
- des relations plus éloignées mais qui peuvent vous accompagner ou vous aider et incluant tant des personnes physiques que des organismes (sociétés, associations, administrations, thérapeutes...).

Faites donc le point sur les ressources externes sur lesquelles vous pouvez vous appuyer pour la concrétisation de votre projet :

Quelles sont les personnes ou les organismes sur l'aide desquels je vais pouvoir compter ?	En quoi vont-ils y contribuer ?	Que vais-je initier comme action pour bénéficier de cette aide ?

À NOTER

Toutes les personnes qui vous sont positives contribuent à la concrétisation de votre objectif même si elles ne vous aident pas directement, car elles favorisent un contexte agréable et porteur qui maintient votre motivation intacte. Si, de plus, elles croient à ce que vous initiez, vous soutiennent, vous accompagnent, vous encouragent, elles représentent alors des ressources très importantes.

JE M'INSPIRE DES PERSONNES QUI ONT RÉUSSI

Si vous voulez exceller dans un domaine, il est toujours bon de prendre conseil auprès de ceux qui ont réussi : ils vous indiqueront des choses à faire et à ne pas faire correspondant à leur personnalité, leurs réflexions, leurs expériences. Bien entendu, il ne s'agit pas de les copier, mais de s'en *inspirer.*

Une infographie réalisée par la société NowSourcing, sur les 200 Américains les plus riches fait une comparaison éclairante entre ceux qui ont réussi et ceux qui n'ont pas réussi :

		Ceux qui ont réussi	Ceux qui n'ont pas réussi
Objectifs mis par écrit		67 %	17 %
Concentration sur un objectif spécifique à atteindre		80 %	12 %
Apprentissage continuel		86 %	5 %
Croyances	« Les bonnes habitudes créent les opportunités »	84 %	4 %
	« Les mauvaises habitudes ont un impact négatif »	76 %	9 %

Si leurs habitudes peuvent être résumées en un mot, c'est **action, action et encore action** ! En effet, pour récolter, il faut semer, et ces habitudes-là entraînent un cercle vertueux car, à la longue, le succès engendre le succès, et la loi de l'attraction agit dès lors que l'on a amorcé la pompe.

À RETENIR

Vous pouvez imiter de nombreuses méthodes et stratégies, mais n'oubliez pas que chaque cas est unique, et le vôtre en particulier. Inspirez-vous de ce qui fait réussir les autres, créez la loi de l'attraction qui vous réussit à vous et retenez surtout les 3 principes suivants :

- Prenez soin de votre corps et de votre cerveau. Nourrissez-les régulièrement et intelligemment.
- Fixez-vous des objectifs précis, croyez-y, focalisez-vous dessus et travaillez sans relâche.
- Mettez-vous en action, agissez et agissez encore, et croyez en votre chance !

3

LA LOI DE L'ATTRACTION PAS À PAS

Maintenant que vous êtes au clair avec votre rêve, vos attentes et qui vous êtes, maintenant que vous savez précisément où vous allez... agissez ! Commencez dès aujourd'hui et sans plus attendre à concrétiser votre projet.

C'est là que la loi de l'attraction entre en jeu : par la disposition d'esprit dans laquelle vous allez vous placer, par les conditions positives que vous allez mettre en œuvre le long de votre chemin, par l'énergie que vous allez déployer à œuvrer pour vous sentir mieux dans votre vie, l'attraction va faire son office.

Mais, une fois encore, il ne s'agit pas ici d'attendre passivement de recevoir : le maître mot est l'action, et vous allez découvrir les clés pour mettre de votre côté les meilleures chances possibles d'attirer ce que vous désirez.

Chapitre 1

J'attire le positif dans ma vie

Nous négligeons trop l'immense pouvoir qu'a notre cerveau sur notre réalité, que ce pouvoir agisse en négatif ou en positif. Pourtant, si vous souhaitez attirer le positif dans votre existence, il va vous falloir remettre en question certaines de vos croyances et prendre conscience de l'influence réelle que vous pouvez avoir sur ce qui vous arrive – ou plutôt sur votre *perception* de ce qui vous arrive.

DES CROYANCES QUI AIDENT ET D'AUTRES PAS

Nos croyances, c'est tout ce que nous tenons pour vrai. Elles concernent :

- nous-mêmes (*« je suis nul »* ou *« je trouve toujours des solutions »*) ;
- les autres (« *elle est très intelligente* » ou « *elle a toujours besoin de quelqu'un* ») ;
- notre environnement et la vie en général (« *les chiens sont très fidèles* », « *le café n'est pas un excitant* », « *le monde de l'entreprise est impitoyable* », « *nous avons tous un destin à accomplir* », etc.).

Elles concernent tous les domaines et structurent notre vision du monde, notre réalité. Parmi celles qui viennent d'être énoncées, il y en a peut-être avec lesquelles vous êtes d'accord et d'autres auxquelles vous n'adhérez pas ou que vous trouvez trop catégoriques.

Par la force de l'habitude, beaucoup deviennent des convictions. Bien souvent, le problème n'est pas de savoir si elles sont vraies ou fausses ; existe-t-il seulement un critère de vérité absolue puisque, sur plein de sujets, vous pouvez avoir une opinion opposée à celle de votre voisin, chacun d'entre vous estimant qu'il a raison et qu'il affirme une vérité ? C'est souvent ainsi que naissent les disputes !

À RETENIR

Nos croyances, qu'elles soient vraies ou fausses, colorent notre réalité et notre environnement. À partir de là, il devient très malaisé de distinguer croyance et vérité, car nous tenons pour vraies les justifications qui nous conviennent en fonction de ce que nous croyons.

Du fait de l'existence de nos croyances, nous ne pouvons vivre que notre propre réalité subjective, à partir de laquelle nous construisons une vérité.

C'est pour ces raisons que certains affirment qu'il suffit de demander à l'univers ce que nous voulons et que celui-ci, nous « entendant », nous l'adressera en retour, tandis que d'autres considèrent qu'il s'agit d'élucubrations absurdes et dangereuses.

Puisque la vérité absolue est inaccessible, **l'essentiel est alors de savoir si ce que vous croyez être vrai vous aide ou vous dessert, vous facilite la vie ou vous impose des contraintes.**

Reprenons ces deux croyances opposées : « *je suis nul* » ou « *je trouve toujours des solutions* ». L'une va vous freiner considérablement et l'autre vous facilitera la vie. De même pour la loi de l'attraction : si y croire vous aide vraiment, peu importe que ce soit vrai, ou non, ou différent de ce que vous en pensez ; conservez cette croyance (sans chercher à l'imposer à d'autres !). Si, au contraire, vous estimez que la loi de l'attraction ainsi formulée ne vous offre pas la vie que vous désirez, ne vous correspond pas, alors abandonnez cette croyance : elle ne vous aide pas.

J'identifie et je renforce les croyances qui m'aident

Au lieu de détruire les unes après les autres les croyances négatives qui vous limitent, recentrez-vous sur les croyances positives qui vous aident, car vous en avez nécessairement, et voyez comment vous pouvez en accroître l'énergie et la portée en les cultivant autant que possible. Attention : il doit s'agir de croyances qui viennent de vous, et non de personnes extérieures.

Mes 3 croyances aidantes me concernant	**En quoi cette croyance peut-elle m'aider ?**	**Comment faire pour l'amplifier ?**
Mes 3 croyances aidantes concernant mon projet/ mon rêve (par exemple, mes croyances sur l'amour, le travail, l'argent, les autres, etc.)	**En quoi cette croyance peut-elle m'aider ?**	**Comment faire pour l'amplifier ?**

Plus vous développerez ces croyances aidantes, plus vous y croirez comme une « vérité vraie » et plus elles prendront de la place, jusqu'à ramener les croyances limitantes à un point qui ne vous dérange pas, ou même jusqu'à les anéantir.

Commencez par lister les plus infimes de vos croyances positives : « *je sais bien cuisiner* », « je suis toujours à l'heure », « je n'oublie jamais de mettre un goûter dans le sac de mes enfants », « j'ai un joli visage », etc., même si elles vous paraissent dérisoires ou peu dignes d'intérêt.

Rappelez-vous le grand principe de la loi de l'attraction : le positif attire le positif. Plus vous initiez le positif, plus vous intégrez un cercle vertueux et plus vous attirerez le positif, parce que vos croyances vous donneront un surcroît de confiance en vous, de motivation, d'énergie, de bien-être intérieur, de paix, de joie.

Autre avantage, et non des moindres : plus vous serez focalisé sur le positif et plus vous verrez le positif. Aussi, vous serez attentif aux réponses à vos demandes qui ne nous parviennent pas toujours telles que nous les avons formulées ; **en prenant l'habitude de penser positif, vous prendrez également l'habitude de voir le positif autour de vous et de saisir les opportunités qui vont dans votre direction.**

JE PENSE POSITIF POUR ATTIRER LE POSITIF

Il paraît que les êtres humains se plaignent (de leur vie, des autres, de leur ordinateur, des politiques...) environ 1 fois par minute ! Vous imaginez le nombre de plaintes que cela représente dans une seule journée ?

Penser positif, c'est d'abord penser moins négatif

Avant de songer à penser positif pour attirer le positif, nous pouvons déjà envisager de **penser moins négatif pour attirer moins de négatif** ! En prenant conscience de notre façon de penser, nous pouvons réduire nos plaintes à 1 fois par heure, voire 1 fois par jour... au lieu de nous plaindre constamment à propos de tout.

C'est toujours une question de **focalisation** :

- Plus nous nous plaignons, plus nous nous focalisons sur le négatif, et moins nous sommes en mesure de voir les bonnes choses qui nous arrivent ou que l'univers nous envoie.
- Moins nous nous plaignons, plus nous permettons à notre attention de se concentrer sur le positif, et plus nous sommes en mesure de prendre conscience des bonnes choses que nous attirons à nous.

Essayez donc de réduire vos plaintes, progressivement :

- soit en relativisant (« *OK, c'est désagréable ; mais est-ce vraiment grave/problématique/ digne d'attention ?* ») ;
- soit en remplaçant le négatif par le positif (« *Je suis malade… mais je vais pouvoir me reposer et prendre du temps pour moi !* ») ;
- soit en décidant tout simplement que vous n'en avez pas besoin et que vous souhaitez passer à autre chose de plus positif (« *Oui, c'est désagréable, mais cela ne m'aide pas d'y penser ; alors je décide de ne plus m'en soucier* »).

À NOTER

Se plaindre, soyons honnêtes, ça fait du bien aussi ! C'est une manière de verbaliser ce qui nous pose problème, de le déposer hors de nous, ou d'en avoir simplement conscience – et il est des choses désagréables dont nous avons besoin de prendre conscience pour mieux les gérer ou les digérer.

Il s'agit de se délester de celles qui nous mettent sous tension permanente. En réduire une partie vous laissera plus de place et d'énergie pour vous mettre en mouvement.

Ne soyez pas dissonant !

Vouloir penser positif, c'est bien, mais à condition d'avoir globalement... **une pensée positive** ! Si, sur vous-même, vous avez habituellement une vision négative à cause de vos croyances actuelles (voir p. 168), il va vous être difficile de croire pleinement, sincèrement et avec votre cœur une demande importante que vous allez formuler positivement.

Pourquoi ? Parce qu'en même temps que vous exprimerez votre demande, il y aura tout au fond de vous une petite voix qui vous murmurera : « *Tu sais bien que tu n'y arriveras pas.* » Et ce sera de nouveau le défilé de vos croyances négatives : « *ce n'est pas possible* », « *je ne peux pas* », « *je n'y arriverai jamais* », « *c'est trop difficile* », « *je ne suis pas assez doué* » – des croyances qui veulent dire, au fond : « *Je n'y crois pas* ».

Pour les projets que vous envisagez, que croyez-vous qu'il va se passer si vous déclarez d'un côté « *je veux ceci et je l'aurai !* » et qu'en même temps, votre petite voix intérieure vous déclame tranquillement : « *Tu n'y arriveras pas, ce n'est pas possible, ça ne marchera pas* » ? En psychologie, cela s'appelle une **dissonance cognitive** : vous créez le foutoir dans votre tête, car vous êtes en **conflit interne entre ce que vous croyez et ce que vous dites.** Si vous entreprenez quoi que ce soit dans cet état d'esprit, vous risquez fort d'échouer. Quitte à vous déclarer triomphalement à vous-même : *« Je te l'avais bien dit que ça marchait pas, ton truc ! »*, car vous serez content, non d'avoir raté, mais d'avoir validé votre croyance. Il peut même arriver que vous fassiez exprès d'échouer spécifiquement pour la valider et ainsi retrouver votre congruence.

Si votre croyance en la puissance de l'univers n'est pas totale, il y a peu de chance pour que vous entendiez une quelconque réponse favorable, même si vous la recevez. C'est là encore une question de focalisation : pour schématiser, si vous demandez « rouge » mais croyez fermement « vert », vous allez vous focaliser sur les réponses vertes et passer à côté des réponses rouges.

C'est tout l'intérêt d'élaborer un projet SMART tel que nous l'avons décrit précédemment (voir p. 114), car un projet qui a été élaboré selon ces critères est logique, concret et factuel, donc réaliste et réalisable, et donc en mesure de renforcer votre foi en votre réussite. Il vous est surtout *spécifique*, c'est-à-dire que vous l'avez élaboré par rapport à vous, et personne d'autre. Il réharmonise ce que vous attendez et ce que vous pensez à propos de ce que vous voulez. Il vous permet donc de réintégrer votre congruence cognitive, indispensable pour mener à bien quelque projet que ce soit.

Pensez positif !

La pensée positive se démarque de la pensée magique (voir p. 58), mais qu'est-elle donc précisément ? Elle a d'abord un moteur : la conviction. Quand vous vous fixez un but, dès lors qu'il est réaliste, dépend de vous et est atteignable (voir les critères SMART, p. 114), il vous faut être **convaincu de pouvoir l'atteindre**. Si votre objectif a été bien déterminé, il n'y a pas de raison pour que vous ne réussissiez pas à le concrétiser. Plus vous êtes convaincu, plus vous augmentez vos chances de réussite ; en parallèle, plus vous saurez reconnaître l'aide et les réponses favorables de la loi de l'attraction le long de votre cheminement.

LE CONSEIL EN +

Commencez par des objectifs simples et à faible enjeu. Utilisez le SMART et agissez. Quand vous aurez réussi, que ce soit l'intégralité de votre projet ou une étape intermédiaire, félicitez-vous. N'écoutez pas cette toute petite voix maléfique qui vous dirait : « C'était facile, tu n'as pas de mérite ». Une victoire est une victoire, point.

→

Recommencez avec d'autres objectifs. Peu à peu, vous allez vous créer de nouvelles croyances sur vos capacités et renforcer votre confiance en vous. Votre pensée va devenir positive sur ce que vous pouvez accomplir en s'appuyant sur des preuves montrant que vous réussissez. Lorsqu'un enjeu important se présentera, vous aurez ainsi accumulé des ressources inestimables (voir p. 114).

Penser positif, c'est d'abord croire :

- en ses capacités ;
- en son potentiel ;
- en ses forces ;
- en ses réussites ;
- en soi-même.

Plus vous agissez, plus vous réussissez et plus vous auto-validez votre croyance : « Je sais réussir ». Vous pouvez éprouver parfois de l'appréhension et du stress lorsque l'enjeu est important, et c'est normal. Mais vous n'avez pas de doute ni de peur, ou de moins en moins, et ça, c'est essentiel.

À NOTER

Il peut arriver que vous viviez un échec et là aussi, c'est tout à fait normal. Vous n'êtes pas « programmé » pour réussir dans 100 % des cas ; et c'est tant mieux, car c'est en essayant qu'on apprend. Mais comme vous avez eu l'occasion de renforcer votre croyance (devenue peu à peu conviction) en votre réussite, cet échec ne va pas vous abattre, même si l'enjeu était important. Vous allez ressentir déception, colère, tristesse ou inquiétude, mais sans vous y engluer. Rapidement, vous digérez et repartez sur un autre projet. On appelle aussi cela résilience : c'est la capacité à rebondir.

La pensée positive est une attitude mentale et émotionnelle qui, attachée au réel et à ce qui est, se projette dans l'avenir pour créer.

Si vous êtes abattu à la suite d'une difficulté particulière que vous avez rencontrée, c'est normal. Dans quelque temps, vous relèverez la tête. Si vous vous plaignez quotidiennement du fait que les choses ne sont pas autrement que ce qu'elles sont, vous cultivez alors une pensée négative.

La pensée positive, ce n'est pas dire que tout est toujours merveilleux. Lucide, elle ne méconnaît pas les souffrances qui parsèment le monde et la vie de chacun. Pour autant, **elle ne se désespère pas et s'attache à créer**. Pour la cultiver, la recette est simple : **mettez-vous en mouvement, rêvez et créez vos rêves** ! Vous aurez plus d'énergie, vous éprouverez plus de sentiments agréables, vous serez heureux de ce que vous réussissez pour bâtir des objectifs qui vous ressemblent.

Chapitre 2

J'utilise le pouvoir de mon imagination

Les images ont depuis toujours un grand pouvoir. Avant même que nous sachions traduire nos pensées en mots et en discours, c'était d'abord, dans les temps anciens, au moyen des images que nous communiquions. Elles n'ont rien perdu de leur force aujourd'hui – il suffit de voir l'impact que la publicité peut avoir sur nos comportements d'achat… – et peuvent vous fournir un carburant précieux sur le chemin vers la concrétisation de votre rêve.

Chapitre 3

Je donne du sens à ma vie

Finalement, si nous devions résumer à l'extrême la loi de l'attraction, ce n'est jamais qu'une quête de sens. Des choses nous arrivent et/ou nous souhaitons que des choses nous arrivent (ou pas), et pour satisfaire notre besoin irrépressible de cohérence et d'intelligibilité, nous cherchons, sans cesse, à donner du sens à tout ce qui nous entoure, à commencer par nous-mêmes et notre existence.
Mais est-il possible de donner du sens à tout ce que nous vivons ?

QUEL SENS DONNONS-NOUS À CE QUI NOUS ARRIVE ?

Que savons-nous de l'univers, de ce qu'il est et de ce qu'il veut (s'il a une volonté), et que savons-nous de ce qui nous arrive ? **Nous avons besoin de donner un sens à ce qui nous arrive** et pour ce faire, nous lions ensemble des événements qui, envisagés sous un autre angle, n'ont pas nécessairement de rapport entre eux. Ou bien nous en attribuons la responsabilité à une entité quelconque. Nous décidons que cette entité nous a entendus, a accédé à notre demande ou a décidé que cela était bon pour nous. Quand ce qui arrive correspond à notre demande, nous décidons que notre croyance initiale (celle qui a fait que nous avons demandé) était juste et cela renforce plus encore notre croyance. Quand nous ne comprenons pas ce qui nous arrive, nous pouvons également décider que c'est un signe et qu'il nous appartient de le déchiffrer.

Un seul sens... ou bien autant de sens que d'êtres humains ?

À bien y réfléchir, nous pouvons nous perdre en de multiples interrogations sur ces événements étranges qui nous arrivent. Rien ne nous empêche non plus de les considérer comme cohérents et justifiés. Mais est-ce Dieu ? Est-ce l'univers ? Est-ce le hasard ? Est-ce la synchronicité ? Est-ce nous et nos intentions ? Ou nous et notre conscience plus aiguisée, ou notre regard plus focalisé, ou notre sensibilité plus exacerbée ? Ou notre volonté de trouver un sens à ce que nous ne comprenons pas, quel que soit ce sens, qu'il existe ou que, peut-être, il n'existe pas, ou même serait inutile ?

Chacun interprète selon ses propres croyances et ses propres filtres. Est-il alors possible de privilégier une réponse qui a autant de possibilités d'être vraie que fausse, ou bien vraie et fausse en même temps, ou ni fausse ni vraie ? Une autre option serait également de lâcher prise en reconnaissant que nous n'en savons rien et que ne pas savoir n'est probablement pas un problème.

La vérité de chacun ne doit pas exclure celle de l'autre

En fait, ce qui peut exacerber les conflits d'idées, ce sont les affirmations qui déclarent péremptoirement *« c'est l'univers »*, ou *« c'est un signe »*, ou *« c'est Dieu »*, etc., car elles posent une possibilité isolée comme étant une certitude unique valant pour tous. Il en est exactement de même des affirmations qui refusent ces « explications » et déclarent que c'est le hasard ou un phénomène psychique, voire physique, et rien d'autre.

En revanche, il est tout à fait possible de dire : « *Pour moi, je pense que c'est l'univers, ou les dieux, ou...* ». Il ne s'agit pas d'une simple reformulation : **c'est l'expression d'une idée personnelle, valable pour celui qui l'exprime et uniquement pour lui**. Comme cela a été dit, une personne vivant bien la loi de l'attraction ne cherche pas à imposer son idée. Au contraire, elle déclare simplement : *« Voilà ce que, moi, je crois vrai »*. C'est une possibilité parmi d'autres et qui, pour diverses raisons, est alors privilégiée par celui qui l'exprime.

Il ne s'agit pas d'être en accord avec l'idée de l'autre, mais tout simplement d'accepter qu'il puisse avoir une idée qui lui est propre :

- Si nous la contestons ou la dénigrons, c'est qu'alors nous revenons à une prise de pouvoir consistant à imposer notre vision comme seule valable.
- Si nous l'acceptons, alors l'autre peut écouter notre opinion différente ou opposée. Le monde s'enrichit ainsi des différences.

DES COÏNCIDENCES QUI ONT UNE CAUSE... OU PAS

Notre monde et notre vie sont emplis de coïncidences qui peuvent être troublantes. Il est des événements qui « fonctionnent » avec une logique rationnelle et se pensent en termes de causalité formelle : parce qu'il pleut, je suis mouillé ou parce que j'ai faim, je mange. C'est le domaine le plus élémentaire de la physique classique où « A » produit « B ».

À un niveau plus complexe, il y a les **multi-causalités**. Dire *« il a eu un accident parce qu'il roulait trop vite »* ne fait que privilégier une raison parmi d'autres, car l'accident fait intervenir d'autres éléments dont certains d'entre eux peuvent être déterminants : l'état de la voiture, de la route, le comportement du conducteur, etc. Un seul élément a-t-il causé l'accident ou est-ce la conjonction de plusieurs et, si oui, dans quel ordre, de quelle manière, pour quelles raisons, etc. ? La vitesse ne devient alors **qu'un élément parmi d'autres, important et décisif… ou pas**.

Encore plus étrange : il existe **des événements dont nous ne savons pas à quoi attribuer la survenance**. Est-ce la loi de l'attraction, le hasard, le destin, Dieu… ? La raison humaine se trouve face à une inconnue, comme un défi lancé à son besoin de sens et d'explication. Nous recherchons absolument des causes rationnelles, mais il n'y a parfois aucune possibilité d'explication. Pourtant, nombreux sont les témoignages de personnes sur des événements, des phénomènes, heureux ou malheureux, dont elles sont les bénéficiaires ou les victimes sans que l'on puisse en comprendre la raison et sans que la science ne puisse y apporter d'explication satisfaisante. On parle alors de « **synchronicité** ».

Carl Gustav Jung est considéré comme le père du concept de synchronicité, qu'il définit ainsi : « **coïncidence temporelle de deux ou plusieurs événements sans lien causal entre eux et possédant un sens identique ou analogue** ». Nous donnons alors une valeur à la synchronicité car nous établissons un lien entre, d'un côté, une image qui est entrée dans notre conscience sous forme d'idée, de désir, de prémonition, et, de l'autre côté, un élément objectif qui coïncide avec cette image. Nous l'avons vu avec les biais de confirmation (voir p. 134).

Dans un ouvrage commun au titre évocateur (*Synchronicité comme principe de connexions a-causales*, 1952) Jung et le physicien autrichien Wolfgang Ernst Pauli considèrent que la synchronicité est ce qui manque pour aboutir à une compréhension unitaire : deux événements sont liés par un principe de correspondances dénuées de causes. Ce qui est appelé « acausalité » (avec le préfixe négatif « a- »), c'est cette absence de lien causal entre deux événements corrélés.

Absence ? Ou bien impossibilité pour nous, aujourd'hui, de comprendre d'où vient ce lien ? Il existe peut-être des lois physiques dont nous ignorons tout, ce qui expliquerait que nous ne puissions pas expliquer l'événement par la causalité telle que nous la connaissons ! Il existe peut-être une entité extérieure dont nous ne savons rien ou bien dont nous ne connaissons pas les modes d'action. Et à cette entité, nous attribuons divers noms, ceux qui ont été évoqués et que reprennent les personnes pour lesquelles ce nom confère un sens : Dieu, l'univers, le hasard, etc. Car nous avons besoin de sens, finalement.

Ce sont des théories, des hypothèses, non des lois scientifiques, mais qui ont l'avantage de donner un autre aperçu et de conférer un sens à ce que nous vivons et ne parvenons à expliquer « rationnellement ». C'est un peu en ce sens que le psychologue Jean-François Vézina écrit en 2001 *Les hasards nécessaires** pour évoquer cette synchronicité dans les rencontres qui nous transforment. Il y a une rencontre avec de l'inattendu, et plutôt que de le théoriser, de chercher à l'expliquer, ne ferions-nous pas mieux de simplement **l'accepter et l'accueillir** ?

Il ne saurait être question ici d'aborder en profondeur toutes les recherches d'interprétation et d'éclaircissement qui ont été avancées. À partir de ces points de vue, reconnaissons que ceux qui attribuent l'explication d'un événement à l'effet de la loi de l'attraction ont tout

---

* Dernière édition : Pocket, 2011.

autant raison que ceux qui l'attribuent à l'idée qu'ils ont de Dieu, ou du hasard, ou du destin, etc.

Mais là n'est probablement pas le débat ni même l'intérêt du débat. Dès lors qu'une personne a une croyance qui lui convient et qu'elle ne cherche pas à l'imposer à quiconque comme seule justification possible d'un phénomène, il n'y a aucun problème puisqu'il s'agit alors d'un **partage, qui favorise l'enrichissement de tous.**

CONCLUSION

La loi de l'attraction est source d'insatisfaction et d'échec quand on lui demande de faire à notre place. Elle devient inspiratrice et dispense ses bienfaits quand on lui demande de nous accompagner, de nous aider à ouvrir nos yeux et surtout notre cœur.

Les coïncidences isolées concernant des aspects anecdotiques du quotidien apparaissent comme des chances, des hasards fortuits et, souvent, nous les prenons comme tels. Mais quand elles se répètent ou touchent des points importants de notre existence, le caractère significatif fait surface, autant pour expliquer que pour nommer. Si nous n'avions pas besoin de donner un sens, il n'y aurait ni synchronicité ni coïncidence.

Plus encore, pour rendre compréhensible, explicable et déchiffrable ce qui nous arrive, nous formulons une demande préalable, ce qui permet d'établir la connexion, sinon l'intelligibilité fait défaut. Et puis – généralement lorsque l'on ne s'y attend pas – arrive l'improbable, l'inattendu, l'inespéré ou le déconcertant. La loi de l'attraction, c'est alors accueillir ce qui vient, quitter les limites qu'impose la « raison raisonnante » sans pour autant se réfugier dans un ésotérisme hypothétique et improuvable, et accepter que ce qui est soit. Plus on l'accepte et plus on ouvre la possibilité que beaucoup de chemins se dessinent. On lâche prise.

Le « demande et tu recevras » n'est pas lâcher prise. C'est abandonner son libre arbitre et se mettre en position d'attente, parfois anxieuse : arrivera ou n'arrivera pas ? « Aide-toi et le ciel t'aidera », à l'inverse, c'est se mettre en action sans demander de choisir ou de faire à notre place, et c'est requérir une « force », une énergie, pour accomplir nous-mêmes au mieux ce que nous désirons tout en nous détachant d'un résultat immuable et prédéterminé.

Accepter, c'est se placer en situation d'humilité, qui engendre ensuite de la gratitude : je ne sais pas ce qui s'est passé, je n'ai pas toutes les clés, mais j'accueille et je remercie pour ce qui est. Je remercie ce en quoi je crois, Dieu, l'univers ou autre. L'émotion qui apparaît alors est la joie, le sentiment qui est ressenti est l'amour ou, en tout cas, n'en est guère éloigné.

Ce besoin de donner du sens à ce que nous faisons et à ce qui nous arrive débouche à terme sur le besoin de donner du sens à ce que nous vivons ; non pas le sens de la vie, mais le sens de *notre* vie. À quoi sommes-nous destinés ? Quelle est la raison ultime pour laquelle nous vivons ici, en ce moment, cette vie-là ? Quelle est son utilité, sa raison d'être, sa finalité ? Si ce que nous nommons l'univers (ou tout autre mot que nous lui préférons) nous semble parfois être une sorte de « guide » qui nous épaule quand nous cherchons à concrétiser un désir cher, alors nous quittons le domaine de la stricte matérialité pour aborder celui de la spiritualité. Non pas en distinguant des « signes » divers dans tout événement, mais en incarnant ce que nous avons à être. À ce titre, la loi de l'attraction dépasse le processus de réussite pour devenir un processus d'épanouissement. Et c'est encore une autre voie qui s'ouvre.

REMERCIEMENTS

Ce que je ne soupçonnais pas il y a encore quelques mois est finalement advenu. Des rencontres, des échanges qui m'ont montré que la loi de l'attraction peut se dessiner sous une forme que je n'avais pas envisagée et qui, finalement, s'avère positive pour chacun. La gratitude passe entre autres par le remerciement. Aussi, je tiens à exprimer de chaleureux remerciements à :

- Nathalie Ferron pour ses idées, son enthousiasme, son soutien et sa façon de partager pour créer, en discrétion et en efficacité.
- Marjolaine Revel qui, au-delà de ses indéniables qualités professionnelles et du travail remarquable qu'elle accomplit, m'a gratifié de ses qualités d'âme et de cœur.
- Celles et ceux qui, par leurs témoignages, montrent que leur humilité et leur acceptation de ce qui est se transforment en une très belle ouverture à ce qui peut se réaliser.

SOYEZ MALIN !

La collection Malin,
c'est déjà plus de 100 titres au catalogue !

Cet ouvrage est composé de matériaux issus de forêts gérées durablement certifiées PEFC™.

Le Programme de reconnaissance des certifications forestières (PEFC™) est le plus grand organisme mondial indépendant de contrôle pour une gestion durable des forêts. Pour en savoir plus, consultez le site *www.pefc-france.org*

PEFC™ PEFC/14-38-00277

Achevé d'imprimer en octobre 2021
par Novoprint
Deuxième tirage
Dépôt légal : juin 2021

Imprimé en Espagne